英米史で鍛える

英語リーディング

20 Dramatic Episodes in British and American History

大島 保彦 著
Yasuhiko Oshima

研究社

はしがき

　入り口でウロウロしているくらいなら、スパっと中に入ってしまうほうがいい。

　たいていの物事がそうですが、語学の場合はそれがとくに顕著です。

　本書は読解力に大きなステップアップをはかりたい方のために執筆されました。本書の特徴は読解力とともに、それに必要な背景知識を強化できることです。太古のストーンヘンジからイギリスとアメリカの歴史を追っていくので、知らない語彙が次々に出てくるかもしれません。ただ、それだけに何度も読み込んで語彙も一緒に身につけてもらえれば、高度な読解力を身につけることが可能です。

　正確に読むためには、それに対応した背景知識が必要です。本書を手にとってくださった方々にそれを実感してもらえれば、著者としてこれ以上の喜びはありません。

　単語や文法ももちろん大切。でも、すぐれた文章で濃い中身のものを読むのはもっと大切です。全世界の語学教育がオーラル重視へ向いつつある今こそ、きちんと読むことの楽しさ、豊かさを私たちの手に取り戻したいものです。

　本書の完成までには多くの方のお力添えがありました。英文を執筆してくださったトム・ギルさん、本書の構成と訳にご協力いただいた水嶋いづみさん、本書のデザインを手がけてくださった寺澤彰二さん、英文を校閲してくださったクリストファー・ベルトンさん、そして編集担当の佐藤陽二さん。

　私からの深甚なる感謝の気持ちも忽々(そうそう)に、読者の皆様は、さっそく中へ、さあどうぞどうぞ。

大島　保彦

本書の使い方

本書は大きく2つに分かれています。

> A　英語長文の読み方——大島式リーディング術
> B　英米史を英語で読もう！——背景知識と英語力が同時に身につく

　Aは英語の読み方について、どういった考え方をしていけば今まで学校などで身につけた知識を活用して英語が読めるようになるかを解説しています。類書にはない見方などもあると思いますが、予備校で長年英語を指導して、どうしたら学習者の学力を大幅に引き上げればいいかを試行錯誤してきた結果の一端です。私が考える読解指導のエッセンスをきわめてコンパクトに盛り込んだつもりです。

　Bは実際にリーディング練習をしていただくパートで、本書の柱です。次の5つで構成されています。

> 1　リード文＋英文＋語句注
> 2　パラグラフの展開をつかもう
> 3　大島のウンチク
> 4　全訳
> 5　パラグラフの展開

　1つずつ解説します。

1　リード文＋英文＋語句注

　本書の中心です。英米史から重要なテーマを章ごとに1つずつ選んで、生き生きと描写しています。エピソードは年代順に並んでおり、最初から読むことを想定して、

基本的には読み進むごとに英文が長くなっています。後ろにいけばいくほど読み応えが出てくるでしょう（参考までに語数の概算を英文の最後につけました）。ただし、必ずしも順番どおりに読む必要はありません。関心のあるテーマからつぶしていくのもいいでしょう。

難しい語句には注がついています。語彙力に自信がない人は、先に語句をチェックしてから英文に取りかかってもかまいません。

本書の英文はジャーナリスト出身で現在、明治学院大学教授をなさっているトム・ギルさんが本書のために書き下ろしたものです。校閲は作家であるクリストファー・ベルトンさんにお願いしました。数々のヒット小説を出版されているベルトンさんがうなるほど質の高い英文です。ぜひ何度も読み込んで自分のものにしてください。

2　パラグラフの展開をつかもう

英文を読み終わったあと、パラグラフの展開がつかめているかどうかを試すパートです。空欄を埋めていくと、パラグラフの展開がおのずとつかめるようになっています。本に直接書き込まないほうが、何度も使えるのでおすすめです。できれば全体の流れも自分の言葉で書いていくといっそう効果が上がります。

3　大島のウンチク

エピソードについて、ウンチクなどを述べています。テーマ内容を深く知るためのヒントです。背景知識を深めると英語にも強くなるので、読み飛ばさないでください。英文を読む前に読むのもおすすめです。

4　全訳

英文の全訳です。なるべく英文の流れにそって訳すように心がけました。英文を読むのが難しいという人は先に全訳を読んでから、英文にとりかかってもかまいません。

効果にはそれほど差はないと思います。

5 パラグラフの展開

　パラグラフの展開がどうなっているかを示したパートで、2の解答例にもなっています。展開の書き方は1つには定まりませんが、大筋を落としていないかどうかは確認してください。

　読解力を大きく伸ばすには、質の高い英文を何度も読み込むことが有効です。また、本書の英文は英米人の常識でありバックボーンとなっている歴史について突っ込んで記述しています。読めば読むほど、力になっていくことを保証いたします。

目 次

英語長文の読み方
　　　　──大島式リーディング術　1
　第1節　読む前にすべきこと　2
　第2節　文法の次へ　6
　第3節　書き手を味方につける　12

英米史を英語で読もう！
　　　　──背景知識と英語力が同時に身につく　17
　Episode　1　ストーンヘンジ──進化する聖地　18
　Episode　2　ブーディカ──復讐に燃える女王戦士　25
　Episode　3　ドゥームズデイ・ブック──中央集権への道　32
　Episode　4　テンプル騎士団──戦う修道士たち　39
　Episode　5　バノックバーンの戦い　46
　Episode　6　ヘンリー8世の6人の妻たち　54

Episode 7 コロナド探検隊――愚者の金 62

Episode 8 ピルグリム・ファーザーズ――アメリカの種 69

Episode 9 黒死病とロンドン大火災 77

Episode 10 ボストン茶会事件 86

Episode 11 ルイス＆クラーク探検隊
　　　　　――「ミズーリを渡るそよ風に吹かれて」 94

Episode 12 ラッダイト運動――職人たちの反乱 103

Episode 13 アラモ砦の戦い 114

Episode 14 切り裂きジャック
　　　　　――ビクトリア朝のホラーストーリー 123

Episode 15 ライト兄弟――空のパイオニアたち 134

Episode 16 1929年のウォール街大暴落 144

Episode 17 ブリテンの戦いとザ・ブリッツ 154

Episode 18 ベトナム戦争（1946～1975） 165

Episode 19 ジョン・F・ケネディ大統領暗殺 176

Episode 20 1984～85年　イギリス炭鉱ストライキ
　　　　　――晴らされた過去の恨み 188

Prologue
英語長文の読み方
——大島式リーディング術

第1節　読む前にすべきこと

1　読む前の想像力

　「これから英文を読もう」というときの最初の姿勢について、イギリスの新聞を題材にして考えます。*The Guardian*という新聞のWeekly版にLearning Englishというコーナーが月に1回掲載されます。その中の読解テストの話から始めてみましょう。

　*The Guardian*の読者には、世界中に散在するかなりの数の英語教師が含まれていると、発行側は想定しているようです。教師に授業用の素材を提供することも、この欄の目的にあることがうかがえるからです。毎回、300語程度の読解素材にいくつかの内容理解問題がつけられていて、そのワークシートもネットからダウンロードできるようになっています。もちろん、一般の人が英語を勉強するのにも便利です。

　具体的に問題の設定の仕方を見てみると、通常はBefore ReadingとWhile ReadingとAfter Readingの3本立てになっています。今回は、そのうちでBefore Readingに着目します。

　Before Readingで行う作業には、英文のタイトル・記事の中の写真・写真につけられたキャプションから、できるかぎりの内容を想像することが必ず含まれます。いくつかの誘導的な設問のあとに、What can you predict about the content of the article?（記事内容についてどんなことが予想できるでしょうか）という問題がついています。

　当たり前といえば、当たり前の問いかけです。しかし、私たちに普段からこういう準備作業をする態度が身についているかといえば、ちょっと疑問です（*The Guardian*の設問は、それ以外に、本文中に登場する単語のいくつかについて、あらかじめ確認しておく語彙問題などもあります）。

　私たちは文章を読んでいくとき、書き手が選んだ1語1語を確認しながら、文章の

意味を1つ1つ再構成するようなことはしていません。文章の行く末をある程度先回りして想像し、読んでいる際には、自分が立てた想像と、実際の文章の運びとの間のズレを修正しているにすぎません。だから、自分の知識を活用できるような文章の場合には、どんな言語の文章であれ、速く正確に読めるのです。

この当たり前の作業をしっかりと、極端なことを言えば、常に無意識に行うことができるようにする訓練をしておくことが大切なのです。

2　普段からやっておくからこそ

駅でこの週刊誌を買おうと思ったり、図書館でこの本を閲覧しようと考えたりするときに、私たちはなぜそれを選んだのでしょうか。週刊誌であれば、新聞の広告や電車の中吊りを見ておもしろそうだと思ったからといった場合が多いのではないでしょうか。何の予備知識もなく、並んでいる週刊誌の中から適当に選んで買い、1ページ目から順に読んでいくということはあまりしないはずです。

1冊の本を読もうとする場合も同じです。その本について、なんらかの予備知識がある場合が多いものです。その本自体について予備知識がなくても、興味ある分野の本だと思えば、著者略歴を見たり、目次や前書きを見たり、索引をパラパラめくりながら、その本に対する姿勢を決めています。音楽を聴こうとする際も、テレビの番組を見ようとする前も、私たちは似たようなことをやっています。

この当たり前のことを、英文を目の前にしたときにも実行できるようにすることが、英語を読むスタートラインです。むやみやたらに突撃しないで、準備に時間をかけることも必要です。

3 予備知識がなかったらどうするか

　予備知識があまりない場合にはどうすればよいでしょうか。その答えは意外と簡単です。目の前の文章から知識を作り出せばいいのです。

　書籍の場合には、著者略歴・目次・前書きなどが予備知識を作る上で絶好の素材です。場合によっては、ネットで検索してもいいでしょう。外国語で文章を読む場合には、キーワードを理解しておくとずいぶん楽になります。

　そのためには、まず目次を暗記してしまうくらいに読み込んで頭に入れてしまいましょう。目次は本を探検するときの地図のような存在なので、本の中で迷わないようにまず地図を頭に入れてしまうわけです。

　もし索引がついていたら、そこに出てくる表現のうちで高頻度の単語を理解して、頭に入れておくと、読むときに相当の差が出ます。

4 文章の中からキーワードを拾う

　文章の書き手には、自分の言いたいことを読者にきちんと理解してほしいという強い思いがあります。そのため、キーワードがあれば、できるだけそれに気づいてもらえるようにしています。

　次の英語で確認しましょう。

> 　Acting on another Indian rumor of a golden city—this one named Quivira—Coronado sent another party eastwards towards what is now Albuquerque (New Mexico) on the Rio Grande.
> 「コロナドは、先住民の間に伝わる別の黄金都市——今度はクイヴィラという名である——のうわさを聞き、リオグランデ川の沿岸にある現在のアルバカーキに

向け、東方へ別の部隊を送った」

(7. The Coronado Expedition—Fool's Gold)

　気がつかないと何とも思わないかもしれませんが、ここにあるnamed Quivira（Quiviraという名前の）という表現は、文章の中に、Quiviraという名前を導入するために使われています。

　演劇を見ているときに、舞台の上に新たな役者が出てきたら、観客は役者を注目します。それと同じように、小説やエッセイを読んでいるときには新たな登場人物が現われた瞬間に、報道文や論説文を読んでいるときには、新しい固有名詞や用語や概念が出てきたときに、それを読み手が脳髄にきちんと叩き込むことが大切です。だから、named 〜とかcalled 〜とかの表現が出てきたときに、「〜」の表現を頭の中に登録しなければなりません。

　実際、上のQuiviraの場合、後続の文章の中に何度か再登場していることからも、named Quiviraに注目しておくべきだったということがよくわかります。

　必ず再登場するとはかぎりませんが、再登場に備えておくことが大切です。

5　英語との不自然な出会い

　こう考えてくると、どんな試験であれ、試験問題の中での英文との出会いが、きわめて不自然なものだとよくわかります。誰が、誰を読者に想定して書いた文章なのか、さっぱりわからない状況で読み進んでいかなければならないことが多いからです。もちろん、リード文がついていて誘導してくれる試験もあります。しかし、日常では、どんな読み物であっても内容のヒントとなるものはつかめます。試験問題で手がかりがないのは、不自然なことです。また、困ったことでもあります。

　もしそんな環境に置かれたら、とるべき方法はただ1つ。媒体・書き手・想定されている読者などを推測しようとする姿勢をもつことです。頼りなく感じるでしょうか。

いえいえ、かなり力になるのです。ぜひ試してください。

6　参考までに

　*The Guardian*はA4判よりも少し大きめくらいで手にとりやすく、毎週40頁強です。書評欄も文化欄も充実していて読みごたえがあります。Learning Englishは毎月4頁、掲載されます。

第2節　文法の次へ

1　因果関係をつかむ

　次の3つの文章の共通点は何でしょうか。

> 　　Marriage to Henry VIII was a dangerous undertaking for a Tudor woman. The politics and sexual codes of the day, along with the very tough job of pleasing a difficult man, resulted in the execution of two queens and the banishment of two more.
> 「ヘンリー8世と結婚することは、チューダー朝の女性にとって危険な大事業であった。気むずかしい男を喜ばせるというたいへんな仕事に加え、当時の政情や性規範が原因となって、結果的に2人の女王が処刑され、さらに2人が追放された」
>
> 　　　　　　　　　　　　　　　　　　　　(6. The Six Wives of Henry VIII)

In 1620 the first permanent European settlement on North American soil was established—the seed from which the modern U.S.A. has grown. It later resulted in the extinction of many Native American tribes and the end of the ancient hunter-gathering lifestyle.
「1620年、北米の土地に永住を目的としたヨーロッパ人の最初の入植地が建設された——これを「種」として近代国家アメリカ合衆国が育ってきた。この「種」が、やがて結果的に、先住民の多くの部族を絶滅に追いやり、古来の狩猟採集生活を終結させた」

(8. The Pilgrim Fathers—Seeds of America)

Households containing just one victim were quarantined—forced to stay in their own house—and this often resulted in the deaths of entire families.
「1人でも犠牲者が出た家庭は検疫が行われ、家から出ないように強制された。そのせいで一家全員が死亡という結果になってしまうことも多かった」

(9. The Black Death and Fire of London)

　共通点はresulted inという表現を使っていることです。
　なぜこんなありふれた熟語に着目するのでしょうか。理由は2つあります。
　1つは、「原因・理由」を表わす表現がbecauseにかぎらないということを確認するためです。
　英語を学び始めた頃、「なぜなら」の代表はbecauseでした。たしかに、Why ...?と聞かれたら、Because ...で答えます。しかし実際に英語の文章を読んでいると、becauseに出会う頻度はあまり高くありません（このことに気づいている人は、なかなかのつわものです）。実は、原因・結果の表現が、英語の中にはたくさんあります。とくに文章語では多用されます。
　ちなみに、本書の英語は、わかりやすさも追及した英文なので、内容の堅さの割にはbecauseの頻度が高いようです。それも文章を読みやすくするための工夫の結果

だといえます。

　もう1つには、原因をつかむということは、物事をきちんと理解することだからです。古代の哲学者アリストテレスに登場してもらわなくても、裁判のことを考えてみればわかります。誰かの責任を追求するためには、その人物が原因となっているということを示さなくてはならないからです。

　上の文章で、因果関係を確認しておきましょう。

　ヘンリー8世の文章では「当時の政情や性規範」が原因で、「2人の女性の処刑と2人の女性の追放」が結果。ピルグリム・ファーザーズの文章では「最初の植民地」が原因で、「先住民の部族の多くの絶滅」と「古来の狩猟採集生活の終焉」が結果。ペストの文章では、「病人を出した家族の家庭内への封じ込め」が原因で、「家族全員の死亡」が結果ということになります。

　おわかりでしょうか。こういう因果のラインをきちんと押さえることが、文章のタテの線をきちんと理解することに直結しています。つまり、エッセンスを抽出することで、文章の内容が後々まで頭の中に残るのです。

2　隠れて潜む主語・述語

　今度は、result inと同様の役割をはたすlead toを素材にして、ステップを進めてみましょう。

> What led to this panic on Wall Street?
> 「このウォール街の恐慌の原因は何だったのだろうか」
> 　　　　　　　　　　　　　　　　(16. The Wall Street Crash of 1929)

> In reality, the defeat of the miners marked the end of trade union power in Britain and led to the destruction of the coal industry.

「現実世界では、炭鉱労働者側の敗北は、イギリスの労働組合が持つ力に終止符を打ち、石炭産業の崩壊へ扉を開くものだった」

(20. The British Coal Miners Strike 1984-5)

今度の注目箇所は、A lead to B の A と B がどのようなしくみになっているかです。

A		B
what	⇒	this panic on Wall Street
the defeat of the miners	⇒	the destruction of the coal industry

最初の例文だけ見ると、何とも思わないかもしれません。「何」が原因で「ウォール街の恐慌」が結果として生じたのか、というだけの文章に見えます。ところが、2つめの例文になると、特徴的な形が見えてきます。日本語で言えば「炭鉱労働者の敗北」「石炭産業の崩壊」といったように、「XのY」という形で、しかもYは「敗北」「崩壊」といった、動作や変化を表わす名詞です。この形は「名詞構文」と呼ばれ、文を名詞の形に圧縮した表現です。

この形は日本語でも頻繁に使われています。「台風が近づくこと」を「台風の接近」と言ったり、「熱帯魚を飼うこと」を「熱帯魚の飼育」と言ったりするのがそれです。しかも、名詞構文のほうが難しい形になっている点も、英語と日本語に共通しています（実際、多くの言語でそうなっています）。

なぜこの形が出てくるのか、その理由も考えれば簡単にわかります。AやBは、原因や結果であり、原因や結果は、物のこともあれば、ある事柄のこともあります。そして事柄の場合には、そこに文が隠れて存在するのは当然のことです。

以上のように考えれば、先ほどの英文は「炭鉱労働者側が敗北したので…石炭産業が崩壊することになった」と訳してもよかったとわかります。

他の例から考えてみましょう。

... the US entered the conflict for fear that it would lead to the spread of communism.

「共産主義勢力の拡大につながることを恐れてアメリカが参戦（すると……）
(18. The Vietnam War 1946 - 1975)

ここでは原因はitで、これはそのときの状況をさしていると考えればよいでしょう。そして結果の部分はthe spread of communismで、これまた「共産主義勢力の拡大」→「共産主義勢力が広まること」と訳してもよく、場合によっては、そちらのほうがわかりやすいでしょう。

3 名詞構文を因果関係に応用する

この考え方は、result inでも使えます。

The politics and sexual codes of the day
⇒ the execution of two queens and the banishment of two more
「当時の政情や性規範」
⇒「2人の女王の処刑と、さらに2人の追放」

It
⇒ the extinction of many Native American tribes
／the end of the ancient hunter-gathering lifestyle.
「それ（「種」）
⇒「先住民の多くの部族を絶滅」／「古来の狩猟採集生活の終結」

> this ⇒ the deaths of entire families.
> 「これ」⇒「一家全員の死亡」

　名詞のかたまりが何を表わすのかが読み解ければ、複雑に見える文もこのようにわかりやすくなります。

4　名詞構文を第5文型に応用する

　最後に、名詞構文を第5文型に当てはめて考えてみましょう。

> 　Her legendary battles against the Romans have made her a hero of present-day feminists.
> 「彼女は、ローマ人との伝説的な戦いぶりによって今日のフェミニストたちの間でヒーロー的な存在となっている」
> 　　　　　　　　　　　　　　（2. Boudica─a Vengeful Warrior Queen）

> 　Religious devotion seems to have made them totally unafraid of death.
> 「彼らは、その宗教的な情熱ゆえに、死の恐怖をまったく感じていなかったようだ」
> 　　　　　　　　　　　　　　（4. The Knights Templar─Warrior Monks）

　makeを第5文型で使う場合は、「AをBに作る」→「AをBにする」ということです。それぞれAとBが何かを考えればいいでしょう。

> her ⇒ a hero of present-day feminists.
> 「彼女」⇒「今日のフェミニストたちのヒーロー」

> them ⇒ totally unafraid of death.
> 「彼ら」⇒「死の恐怖をまったく感じていない状態」

このように、文の内容をつかみやすくなります。

第3節　書き手を味方につける

1　書き手のしかけに乗る

　文章の書き手は、私たちの敵ではありません。味方です。

　試験、テストがつきものの学校という空間では、文章の書き手は、私たちに対する挑戦者かもしれません。「どうだ？　私のことが理解できるかね？」と挑んでいるかのように、私たちは錯覚します。

　しかし、少し落ちついて感じてみればわかるように、そんなつもりで文章を書く人は、よほどの変人にちがいありません。誰だってわかってもらいたいのです。

　ひょっとすると、逆なのかもしれません。私たち読者こそ、書き手に対する挑戦者という可能性もあるということです。「さあどうだ？　私たちにわかるように書いてくれているかな？」

　そう、きちんとした文章は、そのように書かれています。

　ただ私たちは、そういったしかけを（何となく知っていても）自覚的に利用していません。

①The British probably planned to provoke the colonists into acts of rebellion in order to justify increased control over trade. ② Eventually in 1770 the frictions between the soldiers and locals resulted in the Boston Massacre, when soldiers opened fire on unarmed civilians whom they had provoked into throwing snowballs. ③Five people were killed and six more wounded. ④Although some of the soldiers were jailed for this crime, it had the effect of further souring relations and radicalizing the colonists. ⑤A political group called The Sons of Liberty sprung up, led by one Samuel Adams.

(10. The Boston Tea Party)

①貿易に関する管理強化を正当化するために植民者を挑発して反乱行為を起こさせようというのが、たぶんイギリス側の目論見だった。②その結果、1770年、イギリス軍と地元住民との対立はボストン大虐殺に至る。イギリス軍兵士が武器を持たない一般市民を挑発して発砲したのである。彼らを挑発して雪玉を投げるように仕向けた上でのことだった。③死者5人、負傷者6人だった。④何人かの兵士が罪を問われ、投獄されたものの、関係はさらに悪化し、植民者たちはさらに急進的になった。⑤「自由の息子たち」という名の政治結社が誕生した。リーダーの名をサミュエル・アダムズという。

①に含まれている表現、in order to 不定詞は、英語学習のかなり初期の頃に習う表現。「〜するために」という日本語にあたります。それでは、この熟語の機能は何でしょうか。

外国語学習の際に大切なことは、ある表現の「訳語」と「意味」と「機能」が別々だということを、どこかの段階で一度自覚しておくことです。

なお、one Samuel Adams は「サミュエル・アダムズという人」の意味です。

2　機能を意識する

　「訳語」と「意味」は混同しやすいものです。

　dogという単語の意味がイヌだと考えるのは間違っていません。しかし、「イヌ」が訳語だということに、ある時点で気づかなくてはなりません。もし「イヌ」がdogの意味だとすると、日本語を知らない英語話者は、dogの意味を知らないことになってしまいます。それはおかしい。「それなら意味って何なのだ？」という質問に答えるのは、相当やっかいです。この本の守備範囲を超えます。

　機能についてなら、少し語ることができます。

　in order to不定詞の機能は「目的」です。そんなこと当然だと思っているのなら、ではそれを読解に活用しきれているでしょうか。物事には、目的があって、それに沿った計画があって、段取りがあって、実行があって、結果があって、その評価・意義があるというように事柄をつかまえる癖がついているでしょうか。大切なことは、理科の実験レポートの書き方のように、卒業論文を書くように、「目的→計画→段取り→実行→結果→評価・意義」という連鎖を、目の前の文章からえぐり出すような態度なのです。

　イギリス側の目的・意図は、管理強化を正当化することです。つまり、「ほ～らやっぱり管理強化していいでしょ」という言い訳や口実を作ることです。そのために植民者を挑発して反乱行為を起こさせようとした。それを、文章を読みながら、訳すのでもなく、なんとなく読み流すのでもなく、刻み込むように把握していくことです。それがきちんと「読む」ということです。聞かれたら人に説明でき、あとで内容が思い出せるようにならなければ、本当に読んだことにはなりません。

　②のeventuallyの機能は何でしょうか。「一連の出来事の締めくくりであることを明示すること」です。とりあえずは、そこで一段落します。ここではそれがボストン大虐殺という事件になっています。

　そのあとにあるbetweenの機能は何でしょうか。「2つの物事を並べること（3つ

以上ならamong）」です。

　では、どのように並べるのでしょうか。betweenの手前に来そうな単語に、どんなものがあるか気にかけたことがあるでしょうか。今後しばらく気にしてみてください。betweenの手前にあるのは、「類似」「違い」「つながり」「切れ目」の類が圧倒的です。日本語でも「両者の間の」と来たら、この類の単語がいかにも来るような気がします。今回の英文はfrictions「摩擦」です。

　そのあとに来るのは、第2節でやったresult inです。原因がfrictions、結果はボストン大虐殺だとわかります。

　その結末が③に書かれ、④ではその結果が書かれています。なにしろそこには、effectと書かれています。書き手がどれほど気を使って私たちにわかりやすく伝えようとしているか、しみじみと受け止めてください。

　そして⑤にいきます。そこに出てくるcalledはどうでしょうか。そう、第1節で気にかけておいた表現です。そしてもちろん、「自由の息子たち」は、その後の事態に大いに関与し、再登場します。

3　パラグラフを一言でまとめて接続詞でつなぐ

　本書の特徴として、パラグラフの構成を追っている点があります。

　英語は、1つのパラグラフには1つの意見・内容を盛り込むことが大原則です。少なくとも、知識人であればそのように書くことが求められます。

　逆に考えると、1つのパラグラフは一言でまとめることができるはずです。だったら、強引でかまわないからまとめてしまえ！というのが本書の趣旨になっています。

　ただし、たんにまとめを羅列するだけで構成をつかむことはできません。そこで、本書ではあるパラグラフが次のパラグラフとどのような関係になっているかを、日本語の接続詞でつなぐことを試みています。

　みなさんも、ぜひ「パラグラフを一言でまとめる」、「次のパラグラフとの関係を接

続詞で示す」という作業をやってみてください。いちおうの作業例は示しますので、それを答え合わせや参考に使って、自分なりの構成を作ってください。やってみるとわかりますが、この作業をやっていくと、英文構成を大きな視野で見られるようになって、「筆者は結局何が言いたいか」が正確につかめるようになります。

4　読解の大いなる連鎖へ

　英語を読めるようになるには、ただ単語や知識を増やせばいいというものではありません。それも大切なことですが、それ以上に、英文そのものに真剣に向かい合い、頭に刻みつけるように、できるだけ正確に読み込むことによって、本当に読める力が養われていきます。

　本書はそのスタートラインです。なかなか骨が折れる英文が次々と出てきますが、粘り強く読み解いてください。ここで示される英文は、英語の背景にある歴史について述べたものです。耳慣れない固有名詞もたくさん登場します。時間をかけて読み解くことで、英語学習者であるあなたの背景知識になり、これから英語を読むときに大きな力となります。

　さあ、始めましょう！

Training

英米史を英語で読もう！
―― 背景知識と英語力が同時に身につく

Episode 1
ストーンヘンジ
―― 進化する聖地

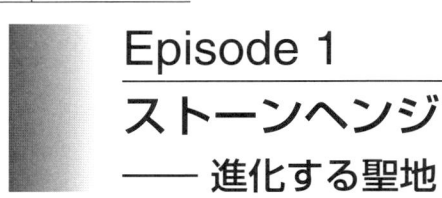

イギリス・ブリテン島に残る先史時代の遺跡ストーンヘンジの築造について段階を追って書かれています。どのような人々がこの巨石文化の遺跡を最初に造り、その後、何がどのように「進化」していったのか、そしてなぜ使用されなくなったのか、年代に注意しながら読んでいきましょう。

Stonehenge
――An Evolving Temple[1]

Stonehenge is Britain's oldest tourist attraction: the famous circle of giant stones was built some 5,000 years ago.

¶1　Stonehenge on Salisbury Plane in southwest England is an extraordinary example of prehistoric engineering. "New Age" thinkers of today believe it was the center of a great and wise civilization. In reality, life was probably short and hard for the people who dragged the stones across hill and dale[2]—but perhaps full of spiritual purpose. Today a new generation of pagan[3] priests[4] or "druids" gather at the stones to celebrate the summer solstice[5] (sunrise at midsummer).

¶2　The origins of this stone temple lie around 3000 B.C. when people were just beginning to settle down to farming the land instead of moving around as "hunter gatherers." Wooden posts were put up in alignment with the rising and setting of the sun and moon at different times of the year—for both practical and spiritual reasons. And then around 2700 B.C. the great ring ditch was dug—a task that would have taken about 30,000 man-hours[6] to accomplish using deer antlers[7] as tools. Ceremonial burials took place within the ring for several centuries.

¶3　Then around 2150 B.C. the original inhabitants were replaced or assimilated[8] into a new tribe called the "beaker" people (beaker = type of pottery cup) who came from Germany via Ireland, smelting[9] copper and following well-trodden[10] trade routes. Some of them settled near Stonehenge and asserted themselves[11] by constructing a stone circle from a rare type of blue stone which they dragged 200 miles from the Presili mountains in Wales.

¶4　But though they too had so much trouble, the bluestone circle was never completed. Instead, work started on a new, outer circle with cross-pieces forming a continuous line, and the erecting of five massive trilithons (three stones in the shape of a narrow soccer goal). The stones were aligned[12] in such a way that on midsummer morning the sun would rise over one particular stone standing outside the circle's entrance' seen from the heart of the structure. Why this sudden escalation? Possibly the tribal leaders wanted to compete with the other huge stone circle twenty miles north at Avebury. No more than thirty people could gather in the center, and the rest of the population may have been excluded from a direct view of the rituals and ceremonies taking place there—including human sacrifices[13].

¶5　The end came with the arrival of the Romans who considered Stonehenge and its druid rulers as a threat to their empire. For three thousand years the site had been used as an astrological calendar and place of religious ritual. Until recently the police still tried to prevent modern druids from entering the stone circle at the summer solstice. Perhaps there is a lingering power in those old stones which can still worry the establishment[14] of the day.

(470 words)

---

1. temple　寺院、神殿、聖堂　2. hill and dale　山野、高地と低地、でこぼこの土地　3. pagan　異教（の）、多神教（の）　4. priest　聖職者（仏教なら「僧侶」、キリスト教なら「司祭、牧師」、古代宗教などでは「神官」など）　5. solstice　（夏至と冬至の）至点（sol- = sun, -stic/-stit = stand の意）　6. man-hour　マンアワー、人時、工数（1人が1時間にこなす仕事量）　7. antler　枝角（シカやトナカイなどの角）　8. assimilate　同化させる、吸収する　9. smelt　（鉱石・金属を）溶解する、精錬する　10. well-trodden　（道が）よく踏まれた、人のよく通う（trodden > tread「歩く、踏む」）　11. assert oneself　自説・自分の権利・自己の存在を主張する、でしゃばる、（天分などが）現れる　12. align　整列する・させる、調整する　13. sacrifice　生け贄、犠牲、供え物　14.（社会の）権力層

【パラグラフの展開をつかもう】

※空欄部分を補ってください。

¶1　ストーンヘンジは古代の高度な土木技術の一例
　↓　[　　　　]

¶2　紀元前3000年頃に[　　　　]が建てられ
　　[　　　　]年頃、[　　　　]が掘られた
　↓そして

¶3 紀元前2150年頃、[   ]がストーンサークルを建造
↓ [   ]
¶4 完成せず、トリリトンの建立が始まる
↓結局
¶5 [   ]によってストーンヘンジの役目が終わる

大島のウンチク

「石のようにかたい」というか「石のように沈黙を守る」というか、とにかくストーンヘンジという巨石群は、黙して語らない。他に参考になる資料もほとんどなく、歴史の中で孤立している。もちろん考古学などの発達によって、少しずつ解明されつつあるとはいえ、依然として多くの謎に包まれている。たとえば、ブルーストーンと呼ばれる石が、なぜ数百キロも離れたウェールズから運ばれたのか、理由はまったくわからない。

ごく最近、近くの墳墓から発見され、Amesbury Archerと名づけられた人物の副葬品には豊かさを象徴するような金の髪飾りまである。しかも、この人物の奥歯のエナメル質の分析をしてみると、彼は若いときにイギリスの水を飲んでおらず、おそらくはヨーロッパ大陸のアルプス近辺の水を飲んで育ったということまでわかった（詳しくは、イギリスのＢＢＣのサイトを参照のこと。http://www.bbc.co.uk/history/archaeology/excavations_techniques/king_stonehenge_01）。

また、http://www.google.co.jp/で「イメージ検索」をクリックしてから、stonehengeと入力するとストーンヘンジの画像がたくさん見られる。

過去は不思議であり、こんなことまでわかってしまう科学も不思議だ。私たちの本は、不思議から始まる。

【全訳】
ストーンヘンジ——進化する聖域

ストーンヘンジは最も古い歴史を持つイギリスの観光名所である。この有名な円状の巨石群は約5000年前に建造されたものだ。

¶1　イングランド南西部のソールズベリー平原にあるストーンヘンジは、先史時代の土木技術の傑作である。現代の「ニューエイジ」派の思想家たちは、大いなる文明、知恵ある文明の中心地だったと考えている。実際のところ、当時の人々の人生は短くつらいものだった。そんな人々が、山谷を越えてこれらの石を引きずって運んできたのである。おそらくは聖なる目的にあふれながら。現在もドルイドと呼ばれる異教の聖職者の末裔たちが夏至（真夏の日の出）を祝うためにこの巨石群に集まってくる。

¶2　この石の寺院の起源は、紀元前3000年ごろにまでさかのぼる。当時、人々は、狩猟採集者として移動する生活をやめて、定住して農耕を行うようになっていた。まず木の柱が、四季折々の太陽や月が出たり没したりする方角に合わせて建てられた。実用的な目的と精神的な目的があったのである。それから紀元前2700年頃、巨大な円形の溝が掘られた。鹿の角を道具として用い、作業にはおよそ3万人時を要したと思われる。その後、数世紀にわたり、円環状の溝の内側では埋葬儀式が行われた。

¶3　その後、紀元前2150年頃、この地域の先住民は、「ビーカー族」（ビーカーとは一種の陶器の杯）によって駆逐されたか、あるいは彼らに同化していった。この新しい人々は、ドイツからアイルランドを経由して渡来し、銅の精錬技術を持ち、古くからの交易路をたどってやってきた。彼らの一部は、ストーンヘンジの近くに定住し、200マイルも離れたウェールズのプレセリ山脈から切り出した珍しいブルーストーンという種類の石でストーンサークルを建造することによって、自らの存在を誇示した。

¶4　しかし、彼らもまた大いに苦労したというのに、ブルーストーンサークルは結局完成しなかった。そのかわり、横石が隙間なく一列に並ぶ新しい外側のサークルの建造と、5組の巨大なトリリトン（サッカーゴールを狭くしたような形に組まれた3つの石）の建立が始まった。これらの石は、夏至の朝、この構造物の中心から見ると、サークルの入り口の外側に建てられた1つの石の上から太陽が昇ってくるのが見えるように配置された。この突然の拡張の理由はなんだろうか。おそらく、この部族の指導者たちは、20マイル北のエイヴベリーにあるもう1つの巨大なストーンサークルに対抗しようと思ったのだろう。ストーンヘンジのサークルの中央には30人程度の人しか入れず、それ以外の人々は、そこで行われていた人間の生け贄などの儀式や祭式を直接見ることは許されていなかったと思われる。

¶5　終焉のときはローマ人の襲来とともに訪れた。ローマ人は、ストーンヘンジやドルイド教の指導者たちが帝国にとって脅威になると考えたのである。この場所は、それまでの3000年間、天文学的な暦として、また宗教儀式の場として使われてきた。最近まで、現代のドルイド教信者たちが夏至の日にストーンサークルに入ろうとするのを警察は禁止し続けてきた。ひょっとすると、あの古い石には、その時代の権力者を不安にさせるような力が今でも残っているのかもしれない。

【パラグラフの展開】

¶1　ストーンヘンジは古代の高度な土木技術の一例
　↓まず
¶2　紀元前3000年頃、木の柱が建てられ、紀元前2700年頃、円形の溝が掘られた
　↓そして
¶3　紀元前2150年頃、ビーカー族がストーンサークルを建造

↓しかし

¶4　完成せず、トリリトンの建立が始まる

　↓結局

¶5　ローマの侵略によってストーンヘンジの役目が終わる

Episode 2
ブーディカ
── 復讐に燃える女王戦士

女王であり、戦士であり、復讐に燃えている──そんなふうに描写されるブーディカという女性はどのような女性だったのでしょうか。なぜそのような運命を生きなければならなかったのでしょうか。彼女を復讐に駆り立てた出来事やその後の激しい戦いぶりを読み取ってください。

Boudica
──A Vengeful Warrior Queen

Boudica (c.30-62 A.D., sometimes written Boadicea or Boudicca), was a famous queen of ancient England whose legendary battles against the Romans have made her a hero of present-day feminists. She is usually pictured whipping on the horses of a war chariot[1], her blond hair blowing in the wind.

¶1　The story of Boudica appears in the *Annals*[2] of the Roman historian Tacitus. It is the story of a woman wronged[3], the ferocity[4] of her revenge and the ultimate disaster she brought upon her people.

¶2　Boudica was queen of the Celtic Iceni tribe occupying what is now East Anglia. Her husband Prasutagus struck a deal[5] with the early Roman invaders which involved leaving in his will half his lands to the Emperor Nero. When he died in A.D.61 the Roman governor Suetonius broke the promise: he took all the lands. He also had Boudica whipped and her two daughters raped.

¶3   The Iceni Celts rebelled[6] and joined forces with another tribe called the Trinobantes. Boudica led them in an attack on the Roman colony of Camulodunum (now Colchester). The inhabitants were largely Britons, not Romans, but even so most were slaughtered[7] and the town completely destroyed. Too late to save his subjects[8], the Roman Procurator[9] Catus sent in the Ninth Legion[10]—only for it to be mostly destroyed by the Celts. Catus fled to Gaul (now France) and left Suetonius to face the victory-drunk Celtic army led by their vengeance-seeking queen.

¶4   Boudica's army numbered perhaps 100,000—but not all these were warriors. Many were wives and children who provided logistical support[11] and were perhaps safer with their men-folk than left at home unprotected. This 'family-style' army now descended[12] on Londinium. Suetonius sensibly decided not to fight at this moment and, ignoring the pleas[13] of the Londoners, retreated to gain time to reinforce and reorganize. Around 70,000 civilians were murdered by Boudica's army, first in Londinium and later St. Albans.

¶5   Finally in A.D.63 Boudica met with Suetonius' reorganized army at Mancetter in the Midlands. From her war chariot she exhorted[14] her men to victory or death—a path she herself had chosen as a wronged and abused[15] woman. Unfortunately this time the Romans were much better organized—they slaughtered most of the Celtic warriors, along with the women and children. Boudica escaped but with typical Celtic pride took her own life with poison.

¶6　The atrocities committed both by Boudica's army and by the Romans are recorded by Tacitus with detached[16] objectivity[17]. There is no human compassion to be found in this grim[18] story. Boudica was a magnificent queen but also a disastrous, psychologically scarred[19] angel of death.

(440 words)

---

1. chariot　馬車、(馬で引く二輪の) 戦車　2. annals　年代記、編年史的な記録、(大学などの) 会誌、紀要 (複数形で用いる。単数形のannalは「1年間の記録」の意)　3. wrong　〜を不当に扱う、〜から詐取する、〜を虐待する　4. ferocity　凶暴性、残忍な行為 (> ferocious [形])　5. strike a deal　合意する、取り引きを成立させる　6. rebel　反抗する、反逆を起こす　7. slaughter　虐殺 (する)、屠殺 (する)　8. subject　臣下、家来、臣民　9. procurator　代理人、(古代ローマで) 皇帝の代官　10. legion　軍隊、部隊、歩兵軍団　11. logistical support　兵站支援、後方支援 (logistics「兵站」とは、戦場の後方で作戦に必要な物資の補給や整備・連絡などにあたる機関、またはその業務)　12. descend　襲撃する　13. plea　嘆願、懇願、(裁判などの) 申し立て、陳述　14. exhort ＋ 人 ＋ to 名詞 [to do]　人に〜を [〜するよう] 強く訴える [勧める]　15. abuse　(才能・地位・人の好意などを) 濫用 [悪用] する、(薬物などを) 濫用する、虐待する、罵倒する　16. detached　客観的な、公平な、とらわれない (> detach [動]「分離する、引き離す、切り取る」)　17. objectivity　客観性 (> objective「客観的な」⇔ subjective「主観的な」)　18. grim　気味の悪い、恐ろしい、残酷な、厳しい、断固とした　19. scar　〜を損なう、〜に傷跡を残す

【パラグラフの展開をつかもう】

※空欄部分を補ってください。

¶1　タキトゥスがブーディカに言及

　↓それによると

¶2　ブーディカの夫の死後、[　　　　　　　　　　　　　　　　　]

　↓そして

¶3 イケニ族のローマへの反乱　[　　　　]を攻撃

　↓さらに

¶4 [　　　　]を攻撃

　↓ [　　　　]

¶5 マンセッターで決戦、[　　　　]が敗北

　↓その後

¶6 タキトゥスが両軍の残虐行為を客観的に記録

大島のウンチク

　旅をしていると、立派な記念碑や銅像に突然出くわすことがあって、「きっと何か重要な場所なんだろうなあ」とか「大切な人物なんだろうなあ」と思うことがある。もう少し歴史を勉強してから来ればよかったと思うのはそんなときだ。そうやって旅人は、地理的な移動のさなかに、時間的な移動へと誘われる。

　ロンドンのテムズ川のほとり、ウェストミンスター寺院の近くで、馬車を操る古代の女性の銅像を目にすると、きっとそんな思いに駆られるだろう。そしてその女性が、古代ローマの歴史家タキトゥスの『年代記』に登場するケルトの英雄的女王だとわかれば、イギリスの地が歴史的重層性を帯びて見えてくる。

　父祖伝来の土地と民を守ったブーディカを描いたのは、支配した側のローマのタキトゥス。それに基づいて現代のイギリス人が書いた文章をあなたが読んでいる。そんな時間・空間のベクトルの不思議な交錯の中を私たちは生きている。

　別の描き方に触れたいのなら、映画『ウォリアークイーン』（監督　ビル・アンダーソン）がある。ブーディカたちが戦士として人間として立ち上がる姿を映像化したものだ。2003年の製作ということもあって、大国の支配、小国の自立、テロリズムなどに対して、現代的視点から考えさせる描き方になっている。

もちろん、分厚いタキトゥスの本の中の数ページの記述に直接触れるのもよいだろう。『年代記』の邦訳は筑摩書房の世界古典文学全集と岩波文庫に入っている。さらにまた別の著作の次の箇所も有名な文章であり、本文理解の参考になるかもしれない。

　（彼らローマ人は）「破壊と殺戮と略奪を偽って『支配』と呼び、荒涼たる世界を作り上げたとき、それをごまかして『平和』と名づける。」（『ゲルマニア　アグリコラ』30節。国原吉之助訳　ちくま学芸文庫）

【全訳】
ブーディカ——復讐に燃える女王戦士

ブーディカ（紀元30〜62頃。「ボーディシア」または「ボーディッカ」と書かれることもある）は、古代イングランドの有名な女王であり、ローマ人との伝説的な戦いぶりによって今日のフェミニストたちの間でヒーロー的な存在となっている。彼女は通常、ブロンドの髪を風になびかせ、戦車を引く馬に鞭を当てている姿で描かれる。

¶1　ブーディカの話は、ローマの歴史家タキトゥスの『年代記』に登場する。それは、一人の女性が踏みにじられ、残虐な復讐を行い、そして最終的には同じ部族の人々にも惨劇をもたらした物語である。

¶2　ブーディカは、現在のイースト・アングリア地方に居住していたイケニ族というケルト人の女王であった。彼女の夫プラスタグスは、最初の頃に侵入してきたローマ軍と取引を行い、彼の所有する土地の半分を皇帝ネロに譲るという遺言を書いた。紀元61年に彼が没すると、ローマ軍総督のスエトニウスはこの契約を破り、土地を全部取り上げた。それだけでなく、ブーディカを鞭で打たせ、二人の娘にも乱暴をはたらいた。

¶3　イケニ族は蜂起し、トリノバンテスという別の部族と同盟して戦った。ブーディカは両部族を率い、ローマ人の駐留地カムロドゥヌム（現在のコルチェスター）を襲撃した。この地の住民の大部分はローマ人ではなく、ブリトン

人であったが、それにもかかわらず、ほとんどの住民が虐殺され、町は完全に破壊された。ローマ皇帝の代官カトゥスは「第九軍団」を送り込むが、時すでに遅く、ケルト軍によって壊滅状態に追い込まれた。カトゥスはゴール（現在のフランス）に逃れ、あとに残されたスエトニウスは、復讐に燃える女王に率いられ、勝利に酔うケルト軍と対決することとなった。

¶4　ブーディカの軍隊はおそらく10万人、しかしその全員が兵士というわけではなかった。多くは兵士の妻や子どもたちで、軍隊への兵站支援を担っていた。故郷に無防備で残っているよりは部族の男たちと一緒にいたほうが安全だったからである。この「ファミリースタイル」の軍隊は、次にロンディニウム（今のロンドン）を襲撃した。この段階では、スエトニウスは賢明にも戦わないことを選び、軍隊の増強と再編成の時間を稼ぐため、ロンドンの住民たちの嘆願を無視して撤退した。ブーディカの軍隊によって、最初にロンディニウムで、次にセント・アルバンズで約7万人の一般民が殺害された。

¶5　とうとう紀元63年、ブーディカは、ミッドランド地方のマンセッターで、再編成されたスエトニウスの軍隊と対決することとなった。ブーディカは、戦車から兵士たちに向かって「勝利か死か！」と檄を飛ばした。それは不当な扱いを受け、虐待された女性として彼女自身が選んだ道であった。残念ながら今回は、ローマ軍のほうがはるかに統率がとれていた。ローマ軍はケルト軍兵士のほとんどを、女性たちや子どもたちも含めて虐殺した。ブーディカはローマ軍の手からは逃れたが、典型的なケルト人としての誇り高さゆえに、服毒して自らの命を絶った。

¶6　ブーディカの軍隊とローマ軍による虐殺行為は、タキトゥスが第三者として客観的に記録した。このむごたらしい物語に人間として共感しうるところは何もない。ブーディカは立派な女王であると同時に、破滅的でトラウマを負った死の天使でもあった。

【パラグラフの展開】

¶1　タキトゥスがブーディカに言及

　↓それによると

¶2　ブーディカの夫の死後、領地をすべてローマに奪われる

　↓そして

¶3　イケニ族のローマへの反乱　カムロドゥヌムを攻撃

　↓さらに

¶4　ロンディニウムを攻撃

　↓最後に

¶5　マンセッターで決戦、ケルト側が敗北

　↓その後

¶6　タキトゥスが両軍の残虐行為を客観的に記録

Episode 3
ドゥームズデイ・ブック
―― 中央集権への道

イギリスを征服したノルマン人のウィリアム征服王が命じた土地調査にはどんな目的があって、どんな内容の調査が行われたのでしょうか。それがなぜイギリスの中央集権化に結びついているのかについても、きちんと読み取ってください。

The Domesday Book
――A Step towards Centralized Power

The first serious national land survey was carried out over a thousand years ago, by William the Conqueror. The French king had invaded England and killed King Harold at the Battle of Hastings in 1066. Nearly twenty years later, he ordered a massive survey of the land he had conquered.

¶1　"There was no single hide[1] nor yard of land, nor indeed…one ox or cow or pig which was left out and not put down in his record…"

¶2　The above extract from The Anglo-Saxon Chronicle describes the level of detail which William the Conqueror demanded in 1085 when commissioning the first survey of England's land and resources. The native English gave the project the ironic nickname Domesday, when every human soul would be counted.

¶3　Although Domesday is now used as a key historical—and sometimes legal—resource, to the Norman king the survey offered hard political advantages. The first was to do with taxation—formalising the extent of lands and their products would enable him to enforce his dues. Secondly, defining the borders of land ownership would help settle and avert disputes between his subjects. Thirdly, with invasion from Denmark imminent[2], William needed to know what military and logistical resources could be mustered[3].

¶4   The survey, then, was undertaken to further consolidate[4], legitimise[5] and centralise Norman power. How was it carried out? Firstly the King sent commissioners to the counties to determine the ownership of manor estates[6]—with the help of a jury consisting of both Normans and Anglo-Saxons. They ascertained[7] how much of the land was worked by the various groups in the "feudal"[8] system. After the Manor Lord the most wealthy were the "Villeins" (villagers) who held an estate and would supply one or two days of labour to their Lord. "Bordars"(boarders) held land but had to supply more days of work. "Cottars" (cottagers) held less land and had to supply even more labour. "Servi" (serfs)[9] were landless slaves who could be bought and sold. The Lord was responsible for paying taxes on all these groups and supplying men to the King's army.

¶5   The commissioners' findings were then formalised by scribes (medieval[10] data-inputters), working downwards from boroughs[11] to manors to tenants and in some cases ending with the quantity of goats on a farm. Needless to say the level of detail varied greatly from county to county and there are many areas that were never covered, including the City of London and most of Wales. The project was never completed, and it was abandoned on the death of William in 1087.

¶6　But what resulted was a powerful legal and administrative¹² document of over 900 pages describing more than 13,000 places, which enabled the Norman rulers to tax and administer the country more thoroughly and reach parts that had previously escaped their domination. It was an important step along the road to centralisation of power and the establishment of the Nation State.

(490 words)

---

1. hide　ハイド（1ハイドはすき1丁と牛8頭で1年間耕作できる広さで、農民一家族を養うに足るとされた面積。地方によって40〜120エーカー）　2. imminent　差し迫った、今にも起こりそうな　3. muster（兵隊を）召集する、寄せ集める　4. consolidate　強固にする、確立する　5. legitimise　合法化する、正当化する　6. manor estate（封建時代の）荘園、（領主・貴族の）領地、（一般に）土地つきの大邸宅　7. ascertain　〜を確かめる、突き止める、解明する　8. feudal　封建制の　9. serf　（中世の）農奴　10. medieval　中世の　11. borough　自治都市、バラ、（ロンドンの）自治区　12. administrative　行政上の、管理（運営）上の

【パラグラフの展開をつかもう】

※空欄部分を補ってください。

¶1　（資料の引用）「イギリスのすべての土地が調査された」との記録

　↓このように

¶2　この調査は「運命の日」と呼ばれるほど徹底的なものだった

　↓［　　　　　　］

¶3　［　　　　　　　　　　］をノルマン王朝にもたらした

　↓ところで

¶4	調査ではまず [　　　　　　　　] を確定	
	↓ [　　　　]	
¶5	[　　　　　　　　]、しかし王の死で中断	
	↓結果として	
¶6	[　　　　　　　　] に向かう第一歩に	

大島のウンチク

1066年Norman Conquest‥‥おそらくイギリスで教育を受ければ、歴史の時間に大文字で習う事項だろう。それほどまでに重要な出来事だったからだ。その歴史的な意味の筆頭は、イギリスにフランス語が（上流階級の言語として）大規模に流入したということだ。これはたいていのイギリス史や英語史の本に書かれている。本書ではその点を割愛し、イギリスの土地制度の変革に焦点をあてているところに記述の特徴がある。

日本史にも多少の関心のある読者なら気づくかもしれないが、このドゥームズデイ・ブックは、太閤検地にも似た中央集権への大きな一歩だったのである。年数の違いは500年ある。だからといってイギリスが進んでいたとか日本が遅れていたという問題ではない（ちなみに、このような検地は当時のヨーロッパでも類例を見ないほど画期的なものだった）。

近代以前には富の根拠は土地だった。だからこそ、土地の所有権を基盤とした封建制が洋の東西を問わず成立した。その一方で、土地の所有権をめぐる争いや境界線問題もまた、様々な時代の様々な地域で紛争の種となった。征服王ウィリアムが行った検地は、ノルマンディの貴族たちがイングランドを征服して以来、おそらく多発し錯綜していたであろう土地問題に最終的決着をつけることを意図していた。網羅的に、決定的に行われたことに画期的な意義がある（だからこそ「審判の日の記録帳」というわけだ）。そしてそれが国王による一円的支配、揺るぎない国内統一、統制された

軍事力の成立をもたらすことになる。

なお、本文に出てくるestateを例にして、英語とフランス語の関係のケーススタディとしよう。

この単語はstateと同一語源の言葉なのに、語頭にeがついている。これはフランス語の影響である（英語のstomach「胃袋」がフランス語ではestomacであるのと同じ現象）。フランス語では単語がst-で始まるということがない。以下、英語-フランス語という対で表現すると、

  study – etude strange – etrange

などとなる。

英語の中には、本来のゲルマン起源の（庶民的な）語彙とノルマンコンクェスト以来の（上流の）語彙が混在し、類義語がたくさんある。ちょうど日本語の中の大和言葉と漢語の関係と同じである。だから、日本語も英語も、やたらに単語の数が多い。人類の語学学習の歴史の中でかわいそうなのは、母語が英語の日本語学習者と、母語が日本語の英語学習者なのかもしれない。

【全訳】
ドゥームズデイ・ブック——中央集権への道

イングランド全土を対象とした最初の本格的な土地調査は1000年以上前に、ウィリアム征服王によって実施された。このフランス系の王はイングランドに侵攻し、1066年のヘイスティングズの戦いで国王ハロルドを屠った。20年近く後、彼は征服した土地の大規模な調査を命じた。

¶1　「調査に漏れて記録に書き記されなかった土地は1ハイド、1ヤードたりともなかった。それどころか、雄牛や雌牛や豚もすべて記録された……」。

¶2　ここにあげた『アングロサクソン年代記』からの引用は、ウィリアム征服王が1085年に命じたイングランド初の土地・財産調査が、どれほど細部に及

んでいたかを描写している。原住民であったイングランド人たちは、すべての人間の魂が裁かれるという聖書の「審判の日」にならって、この事業を、「ドゥームズデイ」（運命の日）という皮肉なあだ名で呼んだ。

¶3　「ドゥームズデイ」は、現在では歴史的な——そして時には法律的な——重要資料として使われているが、この調査はノルマン系の王に確固たる政治的な利益をもたらした。1つには税金に関する利点である。土地の範囲やその土地で取れる産物を正式に登録すれば、税を強制的に徴収することができるようになる。2つめには、土地所有権の境界線を定めることにより、支配民同士の争いを解決したり、回避したりすることが容易になる。3つめには、デンマークからの侵攻が差し迫っていたため、兵力と兵站物資をどれくらい集められるか知る必要があったのである。

¶4　こうしてノルマン王朝の権力をさらに強化・正当化し、中央集権化を進めるために土地調査が行われた。調査はどのように行われたのか。まず王は各郡に行政官を派遣し、ノルマン人とアングロサクソン人の双方から成る調査団とともに荘園の所有権を確定した。「封建」制度の各階層が、その土地をどれくらい耕作するのかを確認した。荘園領主に次いで富裕だったのが、土地を保有し、領主に対して1〜2日間の労働を提供する「隷農」である。その次の「零細農」は土地を保有するものの、労働提供をする日数は「隷農」よりも多い。次の「小屋住農」は保有する土地が少なく、さらに多くの労働を提供しなければならなかった。「農奴」は土地をもたず、奴隷として売買された。領主は、これらの階層すべてに対する税を支払い、国王軍に兵力を提供する義務を負っていた。

¶5　次に、行政官による調査結果は、行政区に始まり、一つ一つの荘園、農民の借地に至るまで、書記（中世の入力係）によって正式に登録された。時には農場で飼われているヤギの数まで数えられることもあった。言うまでもなく、調査の詳細さは郡ごとに大きく異なり、調査が行われなかった地域も多かった。その中には、ロンドン市やウェールズ地方のほとんどの郡が含まれている。この事業は結局完了することなく、1087年、ウィリアム王の死によって断念された。

¶6　しかしその成果として、1万3000箇所以上を記録した900ページを超える強力な法的・行政的台帳が誕生した。この台帳のおかげでノルマン人支配者たちは税の徴収や国の統治をさらに徹底して行うことができ、それまで支配できていなかった地域にまで勢力を伸ばすことができた。この台帳は中央集権化および国民国家の成立へ向かう重要な一歩だったのである。

【パラグラフの展開】

¶1　（資料の引用）「イギリスのすべての土地が調査された」との記録

　↓このように

¶2　この調査は「運命の日」と呼ばれるほど徹底的なものだった

　↓そして

¶3　3つの政治的利益をノルマン王朝にもたらした

　↓ところで

¶4　調査ではまず荘園の所有権を確定

　↓次に

¶5　調査の詳細を登録、しかし王の死で中断

　↓結果として

¶6　中央集権化および国民国家の成立に向かう第一歩に

Episode 4
テンプル騎士団
── 戦う修道士たち

テンプル騎士団はどのような集団で、なぜ急速に勢力を拡大することができたのか、そしてどのように衰退していったのか、その歴史の光と影を読み取っていきましょう。解散後も語り継がれている伝説にはどのようなものがあるでしょうか。

The Knights Templar
──Warrior Monks

The Knights Templar flourished in the 12th to 14th centuries. They were fighting men who worshipped Christ─and various other gods. They developed an international organization that came to threaten state and religious power until the Catholic church and King of France combined to destroy them.

¶1　There is a town in Cambridgeshire called Royston. At the end of the 19th Century a remarkable cave was discovered beneath the High Street. It is about thirty feet deep and cut out of chalk by human hands. Inside are figures carved into the walls depicting scenes from the bible, but also an image of Sheal-na-gig─a pagan fertility[1] goddess. There is also a depiction of two men riding a single horse[2]. This cave was once a place of initiation[3] for the "poor soldiers of Christ"─the Knights Templar.

¶2　The Templars were founded after the first crusade in 1118 A.D. by a

French knight named Hugues de Payens. At first there were just nine of them, escorting pilgrims[4] between Jerusalem and the river Jordan. In 1128 they adopted the Rule of St. Benedict and became the first religious "order[5]" of knights—Warrior Monks in effect. Religious devotion seems to have made them totally unafraid of death. During the crusades they often performed suicidal deeds[6], and when captured they preferred death to slavery[7]. They believed in the nobility of hand-to-hand combat[8] and hoped to die in battle.

¶3　The Pope saw the Templars as trustworthy defenders of the Faith and excused them from paying any taxes. For similar reasons, aristocrats[9] donated money and land. Over a 200-year period, the Templars amassed[10] great wealth and power. They built great forts[11] in the Holy Land, had bases throughout the Christian world and seem to have started the world's first banking system.

¶4　Gradually, however, the religious and political leaders of Europe turned against the Templars. Pope Clement V feared the power of the Templars and King Philip of France needed their wealth for his wars against the English. In 1307 the two of them teamed up to make sure the Order of the Knights Templar was dissolved. Royal and Papal Commissions found the knights guilty of crimes such as the "denial of Christ," corruption, homosexuality and "worshipping the baphomet[12]" (pagan idols[13] such as a bearded head or black cat). Judging from the pictures in the Royston caves, the Templars certainly seem to have worshipped some non-Christian gods.

¶5　Many Templars were burned at the stake[14], and they officially ceased to exist. Legends, however, persist. One legend says that they left a great treasure buried somewhere. Another legend says they discovered the secret of the Holy Grail[15] (the magic cup that Christ supposedly used at the last supper) and that the secret is encoded in the geometry[16] of their chapels. Yet another legend says that they fled to Scotland and helped Robert the Bruce defeat Edward at Bannockburn.

¶6　Today, some of their rituals live on in secret societies such as the British Freemasons. They continue to fascinate people who love historical mysteries.

(510 words)

---

1. fertility　肥沃、多産、豊饒　2. two men riding a single horse　テンプル騎士団のシンボル　3. initiation　入会（団）式、成年式、イニシエーション　4. pilgrim　巡礼者、放浪者、旅人　5. order　教団、修道会、（中世の）騎士団　6. suicidal deed　自殺行為　7. slavery　奴隷制度、奴隷の身分、奴隷状態　8. hand-to-hand combat　白兵戦（刀剣や槍などで双方入り乱れて戦うこと）、至近距離での闘い　9. aristocrat　貴族　10. amass　〜を蓄積する、集める、積む　11. fort　砦、要塞、城砦　12. baphomet　バフォメット（テンプル騎士団が儀式に用いたとされる悪魔の偶像。具体的な姿については諸説あるが、ヤギの頭部、両性具有、背中にカラスの羽というのが一般的。ちなみにヤギはキリスト教における悪魔のシンボル。語源的にはイスラム教開祖の「マホメット」から来ていると言われる）　13. idol　偶像、崇拝の対象　14. be burned at the stake　火刑に処せられる（stakeは「杭、支柱」の意）　15. Holy Grail　聖杯（キリストが最後の晩餐に用い、十字架にかけられたときの血を受けたとされる杯）　16. geometry　幾何学

【パラグラフの展開をつかもう】

※空欄部分を補ってください。

¶1　ロイストンにテンプル騎士団の入門儀式が行われた洞窟がある

```
  ↓この団体は
¶2 [      ] 年の [                    ] のあとに結成
  ↓そして
¶3 [                                              ]
  ↓ところが
¶4 強大化しすぎて [                              ]
  ↓結局
¶5 正式に [          ]、[              ] が残る
  ↓現在では
¶6 フリーメイソンなどの秘密結社に受け継がれる
```

大島のウンチク

　本文にもあるように、歴史的想像力を駆り立てる素材であるらしく、『テンプル騎士団　聖杯の伝説』という映画もDVD化されているようだし、ネット上にもテンプル騎士団についての記述がたくさんある。そういうのを追跡するのも楽しそうだが、今回は、少し変化球を。

　ヨーロッパの身分制度を略述するのに「祈る人、戦う人、作る人」というのがある。「聖職者、世俗領主、庶民」ということだ。叱られるかもしれないけれど「女王アリ、兵隊アリ、働きアリ」みたいなものですね。これをプラトンの魂の3区分に当てはめると、「理性的部分、気概的部分、欲望的部分」ということになります。自分の心の中の「物事をよ〜くわかっている部分、わかっちゃいるけどイライラしてる部分、わかっちゃいるけどムラムラしている部分」ということかな？　これがフロイトさんの手にかかると「自我、超自我、イド」ということになるのでしょう。

　ともあれ、社会も、1人の人間も、いろいろな要素、側面があって、ぶつかったり

影響しあったりしながら、なんとか存在し続けているのでしょう。

　しかし、どこかで一人二役が出てくると、ちょっと扱えない存在になるのかも。なにしろ、騎士団の方々は、強い信仰を持ち合わせているし、しがらみはないし、力はあるし、ということで、本文にあるように「宗教的指導者も政治的指導者も徐々にテンプル騎士団を敵対視する」ようになるのも、十分理解できそうな話です。うっとうしいですからね。

　なにやら日本の昔の僧兵（つまり弁慶みたいな方々です）とも似ているような感じがしますが、こちらのほうが、もっとマッチョな感じがして、俗っぽくて、他の人たちから見て安心できそう。

【全訳】
テンプル騎士団——戦う修道士たち

テンプル騎士団は12世紀から14世紀にかけて隆盛した。彼らはキリスト——およびその他の様々な神々——を信奉する戦士であった。テンプル騎士団は、国際的な組織を形成したが、やがてそれは国家権力と宗教権力を脅かすものとなり、ついにはカトリック教会とフランス王が手を組んでテンプル騎士団を壊滅させたのである。

¶1　ケンブリッジシャーにロイストンという町がある。19世紀末、ハイストリートの真下に変わった洞窟が発見された。奥行き約30フィート、石灰岩を人間の手で掘ったものだ。内部の壁に彫られていた絵には、聖書に登場する場面だけでなく、豊饒を司る異教の女神シーラ・ナ・ギグの姿もあった。また、1頭の馬に2人の男性がまたがっている絵もあった。この洞窟は、かつて「キリストの貧しき騎士」、すなわちテンプル騎士団の入門儀式が行われた場所だったのだ。

¶2　テンプル騎士団は1118年に行われた第1回十字軍遠征のあと、ユーグ・ド・ペイヤンという名のフランス人騎士によって設立された。最初はわずか9

人の騎士だけで、エルサレムとヨルダン川の間を行き来する巡礼者を護衛していた。1128年、彼らは聖ベネディクトの戒律を採り入れ、騎士で構成される史上初の教団——実際は戦う修道士たち——が誕生した。彼らは、その宗教的な情熱ゆえに、死の恐怖をまったく感じていなかったようだ。十字軍の遠征中には、自殺的行為も辞さず、捕われの身となれば奴隷となるよりも死を選んだ。白兵戦こそ崇高な戦い方と信じており、戦いの中で死ぬことを理想としていた。

¶3　教皇はテンプル騎士団を信頼できる（カトリック）信仰の擁護者と考え、すべての税を免除した。同様の理由で、貴族たちも金や土地を寄進した。200年にわたって、テンプル騎士団は巨大な富と権力を蓄積した。聖地エルサレムには堅固な要塞を築き、キリスト教世界のあらゆるところに拠点を持った。また、世界初の銀行制度を始めたと考えられている。

¶4　ところが、ヨーロッパの宗教的・政治的指導者は、徐々にテンプル騎士団を敵対視するようになった。教皇クレメンス5世はテンプル騎士団の力を恐れ、フランス王フィリップはイングランド人との戦争のために騎士団の富を必要とした。1307年、この2人は、テンプル騎士団を確実に解散させるために手を組んだ。国王と教皇が任命した異端審問官により、キリストの否定、腐敗、同性愛、バフォメット（ひげ面の頭部や黒猫といった異教の偶像）信仰といった罪で有罪判決を受けた。ロイストンの洞窟に描かれた絵から判断すると、テンプル騎士団は確かにキリスト教以外の神々を信仰していたようである。

¶5　多くの騎士が柱にしばられて火あぶりにされ、騎士団は公式には消滅した。しかし、数々の伝説が残った。ある伝説によれば、騎士団はどこかに莫大な財宝を埋めたことになっている。また別の伝説では、聖杯（キリストが最後の晩餐で使ったとされる魔法の杯）の秘密を発見し、その秘密は騎士団の礼拝堂の幾何学模様の中に暗号で書かれている、と言われている。さらに別の伝説では、騎士団はスコットランドに逃れ、バノックバーンの戦いでロバート・ザ・ブルースがイングランドのエドワード2世を破るのを助けたとも言われている。

¶6　今日、彼らの儀式のいくつかがイギリスのフリーメイソンなどの秘密結

社に受け継がれており、歴史上の謎を愛する人々を魅了して止まないのである。

【パラグラフの展開】

¶1　ロイストンにテンプル騎士団の入門儀式が行われた洞窟がある

　↓この団体は

¶2　1118年の第一回十字軍遠征のあとに結成

　↓そして

¶3　教皇が税金を免除するなどして強大化

　↓ところが

¶4　強大化しすぎて国王も教皇もテンプル騎士団を敵対視

　↓結局

¶5　正式に解散させられ、その伝説だけが残る

　↓現在では

¶6　フリーメイソンなどの秘密結社に受け継がれる

Episode 5
バノックバーンの戦い

スコットランドは「イギリス」の一部ですが、独立をマニフェストに謳う政党があるほど、独立国に近い意識を持っています。過去にイングランドから独立を勝ち取った戦争がバノックバーンの戦いです。この戦い以降の両国の関係についても、ぜひインターネット等で調べてみましょう。

The Battle of Bannockburn

The Battle of Bannockburn is the most famous military victory that Scotland has ever won over England. It happened nearly 700 years ago.

¶1　Is Scotland an independent country, or is it part of Britain? This is still a political issue today. In the early fourteenth century the highland Scots were more loyal to their clan (a sort of extended family or tribe), such as the Stewarts or the Campbells, than to Scotland. Robert the Bruce was a nobleman of Norman (French) descent[1] who tried to unite the clans and form a Scottish nation with him as its king. For 18 years (1296-1314), he fought a bitter guerilla war against the English. His wife was imprisoned[2] and three of his brothers murdered by the English.

¶2　In 1306, after several defeats against King Edward I of England,

Robert went into hiding on the Irish island of Rathlin. According to legend, he was sitting in a cave, tired and depressed, when he noticed a spider attempting to spin a web across the roof of the cave. The spider kept failing and trying again until at last it succeeded in making its web. This inspired Robert's famous motto: "If at first you don't succeed, try, try and try again."

¶3　His determination and refusal to accept defeat were helped by a stroke of good fortune[3]—the death of Edward I. The new king was his son, Edward II—a weaker ruler. By 1314 Robert had captured Perth and Edinburgh from the English and was moving towards the strategically important castle at Stirling.

¶4　A Scottish army led by Edward the Bruce (Robert's brother) laid siege to[4] the castle at Stirling but the English, led by Sir Philip Mowbray, resisted. In the end, Edward the Bruce and Sir Philip made a deal: if reinforcements[5] had not arrived by midsummer's eve (June 23th), the English would surrender[6] the castle and be allowed to leave safely.

¶5　King Edward II fought back. He marched on Stirling with an army of over 20,000 men, including 3,000 cavalry[7] and 2,000 archers[8]. Robert positioned his 13,000 men on a hillside above the village of Bannock, south of Stirling, planning to trap the English in a narrow valley between two forested hills.

¶6　The English army arrived at Bannock just as the midsummer eve deadline for the relief of Stirling was slipping past. Robert the Bruce's army was hiding in the woods, and fought the English the next day—June 24th. The battle was a disaster for the English, for four reasons. Firstly,

Robert had chosen the battleground well: the deep valley and river between the armies obstructed[9] the English army when it tried to advance and again when it tried to retreat. Secondly, the English lacked good leadership—the main attack was unfocused and scattered[10]. Thirdly, the brave Scottish pike men (foot soldiers with long spears) held their lines firmly, breaking up the charge of the English cavalry. Fourthly, Robert the Bruce used clever tactics. He knew the English archers were very dangerous, so he attacked them with a cavalry force hidden in the woods. The archers panicked and were driven back towards the river in the valley. There they ran into advancing English soldiers, causing total confusion. Hundreds of soldiers were drowned or crushed in the crowd. Then the Scottish pike men killed the survivors.

¶7 King Edward II managed to escape to Stirling Castle, but was refused entry by Sir Philip Mowbray. Yes—the King of England was turned away by one of his own knights. Why? Because the midsummer eve deadline had passed, and Sir Philip was going to keep his promise and surrender peacefully to the Scots. Perhaps Sir Philip really was an 'English gentleman keeping his word'. Edward managed to escape back to England and Robert the Bruce remained King of Scotland—and a legendary hero to Scottish people forever.

(650 words)

---

1 descent 家系、出身（元の意味は「降下、低下、落下」⇔ascent「上昇、向上、昇進」） 2. imprison 刑務所に入れる、監禁する 3. a stroke of good fortune[luck] 思いがけない幸運 4. lay siege to ～ ～を包囲攻撃する、執拗に説得する 5. reinforcement 援軍、強化するもの 6. surrender ～を明け渡す、放棄する、(～ oneselfで) 自首する 7. cavalry 騎兵（隊）、騎馬隊（caval-はhorseの意） 8. archer

弓の射手　9. obstruct　妨害する、(道などを)ふさぐ　10. scattered　散在している、まばらな、散漫な

【パラグラフの展開をつかもう】

※空欄部分を補ってください。

¶1　スコットランドをイングランドから独立させたのがロバート・ザ・ブルース

　↓ロバート・ザ・ブルースと言えば

¶2　[　　　　　　　　　　　]のモットーが有名

　↓そのモットーのもと

¶3　[　　　　　　　　]すると[　　　　　　　　　　]

　↓その後

¶4　[　　　　　　　　　]に関する取引を行う

　↓そして

¶5　[　　　　　　　　　]の反撃

　↓ところが

¶6　[　　　　　　　　　　　　　　　　　　　　　　]

　↓結局

¶7　エドワード2世は[　　　　　　]ロバートは[　　　　　　]

大島のウンチク

「スコットランドは独立国なのかイギリスの一部なのか？」…たしかにこれは難問だ。サッカーのワールドカップでは、スコットランドとイングランドは別のチーム(ウェールズもそうです)。それに対してオリンピックにはイギリスとして参加する。

サッカーは協会単位の参加で、オリンピックは国単位の参加だから…ということだけが理由ではなさそうだ。

　放牧地と荒地と山と湖沼が国土の大半というスコットランドで、最初の王たちがどのように出現したのかはよくわからないようだが、王位継承がややこしかったことだけは確かである。シェイクスピアの『マクベス』の世界だ。王様のダンカンは、忙しく領内を移動して王権を示す。彼を暗殺したマクベスだってもともとは王家の人間である。この頃のスコットランド王の系図を見ると、やたらに暗殺されている。

　本章の主人公であるロバート（マクベスに殺されたダンカン１世の孫の孫の孫の孫）がイングランドの戦いに闘志を燃やした理由の一つも王位継承にある。ライバルの親戚を殺害してしまった勢いで、イングランドと戦わないと格好がつかないという状況だったから。つまり、外敵と戦うプロセスを通じて国内の統一を図るという統治の常道を歩んだということだ。

　ローマ教皇に破門されたロバートを支持するためにスコットランドの貴族たちが作成した宣言がある。「われらはけっしてイングランドの支配に服することに同意しない。なぜならば、われらが戦い、かつ、勝ちとろうとしているのは、栄華ではなく、富でもなく、また名誉でもない。ひたすら自由のためであり、真率な人間ならば何びとも、生命を賭けずにそれを失うのを望まないであろう。」（アーブロース宣言）この言葉は今でもスコットランドの人々を奮い立たせるのだそうだ（青山吉信編『イギリス史１』山川出版社　p.358）。

【全訳】
バノックバーンの戦い

バノックバーンの戦いは、スコットランドがイギリスに対して勝ちとった、歴史上最も有名な軍事的勝利である。それは700年近く前の出来事であった。

¶1 スコットランドは独立した国なのか、それともイギリスの一部なのか。これは現在でも依然として政治的な問題となる。14世紀はじめ、ハイランド地方のスコット人たちは、スチュワート家、キャンベル家といった自分のクラン（一種の親族や部族）に対し、スコットランド全体に対する以上の忠誠心を持っていた。ロバート・ザ・ブルースは、ノルマン（フランス）人の血を引く貴族で、こうしたクランを団結させ、彼を国王とするスコット人の国家をつくろうとした。彼は、18年間（1296～1314年）にわたり、イングランド軍と激しいゲリラ戦を繰り広げた。イングランド軍は、彼の妻を投獄し、兄弟のうちの3人を殺害した。

¶2 1306年、イングランド王エドワード1世との戦いに何度か敗れた後に、ロバートはアイルランドのラスリン島に身を隠した。伝説によれば、彼が肉体的にも精神的にも疲れ切って洞窟の中に座っていたとき、洞窟の天井に巣をかけようとしているクモがいることに気づいた。クモは落ちても落ちてもまた巣づくりに挑戦し、最後にはとうとう巣を完成させた。このことに着想を得て、「たとえ最初に失敗しても、挑戦、挑戦、また挑戦」という彼の有名なモットーが生まれたという。

¶3 彼の決意は固く、敗北を認めることを拒否した。すると、思いがけない幸運に助けられた。エドワード1世の死である。息子のエドワード2世が新しい国王に即位したが、彼は父親ほど力のある君主ではなかった。1314年までにロバートはイングランド軍からパースとエジンバラを奪い、戦略的に重要なスターリング城を攻めようとしていた。

¶4　エドワード・ザ・ブルース（ロバートの弟）率いるスコットランド軍は、スターリング城を包囲攻撃したが、サー・フィリップ・モーブレー率いるイングランド軍は抵抗を続けた。最終的にエドワード・ザ・ブルースとサー・フィリップは取引をした。もし夏至前夜（6月23日）までに援軍が到着しなければ、イングランド軍は城を明け渡すが、安全な撤退が保証されるというものだった。

¶5　イングランド王エドワード2世は反撃を開始、騎兵3千人、弓兵2千人を含む2万人以上の軍隊とともにスターリングへと進軍した。ロバートはスターリングの南、バノック村の上に位置する丘陵に彼の軍隊1万3千人を配した。2つの森林丘陵地帯にはさまれた狭い渓谷にイングランド軍を封じ込める作戦だった。

¶6　イングランド軍がバノックに到着したのは、夏至前夜、スターリング城明け渡しの約束の時間をちょうど過ぎたところだった。ロバート・ザ・ブルースの軍隊は森の中に隠れ、翌6月24日、イングランド軍に攻撃をしかけた。戦いはイングランド軍にとって、最悪の事態となった。その理由は4つある。まずロバート側が有利な戦場を選んだこと。両軍の間に深い渓谷と川があり、イングランド軍が前進するにも後退するにも障害となった。2つめは、イングランド軍が統率を欠き、焦点の定まらない散発的な攻撃となったこと。3つめには、スコットランド軍の勇敢な槍兵（長槍を持った歩兵）が戦列をよく守り、騎兵隊の攻撃を粉砕したこと。4つめに、ロバート・ザ・ブルースが賢い戦術を使ったことである。彼はイングランド軍の弓兵隊が非常に危険であることを知っていたので、森に潜伏させておいた騎兵隊にイングランド軍弓兵隊を攻撃させた。弓兵隊はパニックに陥り、渓谷の川近くまで追い詰められた。そこで前進してくるイングランド軍と鉢合わせになり、大混乱を招いた。何百という兵士が川で溺死し、兵士同士のぶつかり合いで倒れた。そして生き残った兵士をスコットランド軍の槍兵が殺害した。

¶7　エドワード2世はなんとかスターリング城まで逃走することができたが、サー・フィリップ・モーブレーに入城を拒否された。そう、イングランド王は、

家臣の騎士に背かれたのだ。それはなぜか。援軍の到着が夏至前夜の約束の時間を過ぎていたので、サー・フィリップは、スコットランド軍との誓約を守り、平和的に城の明け渡しを行おうとしたのだ。おそらくサー・フィリップは本当に「約束を守るイギリス紳士」だったのであろう。エドワードはなんとかイングランドまで逃げ帰り、一方、ロバート・ザ・ブルースはスコットランド王の地位を保持した。そしてスコットランドの人々にとっては永遠の伝説の英雄となったのである。

【パラグラフの展開】

¶1　スコットランドをイングランドから独立させたのがロバート・ザ・ブルース

　↓ロバート・ザ・ブルースと言えば

¶2　「挑戦、挑戦、また挑戦」のモットーが有名

　↓そのモットーのもと

¶3　敗北を認めることを拒否　すると戦況が優位に

　↓その後

¶4　敵の軍事拠点スターリング城に関する取引を行う

　↓そして

¶5　イングランド王エドワード2世の反撃

　↓ところが

¶6　ロバート軍の反撃とエドワード2世の作戦ミス

　↓結局

¶7　エドワード2世はイングランドへ敗退。ロバートは伝説的な英雄となる

Episode 6
ヘンリー8世の6人の妻たち

国王としての業績よりも6人もの妻をめとった私生活のほうが有名なヘンリー8世。1人めのキャサリン・オブ・アラゴンから順にそれぞれの妻とのなれそめや別れ方が紹介されています。ヘンリー8世がいちばん愛したのは何番めの妻だったでしょうか。

The Six Wives of Henry VIII

One of England's most flamboyant monarchs, Henry VIII is best remembered for marrying on no less than six occasions, although contrary to popular belief, he was never officially divorced. Two of his marriages were annulled[1], two of his wives were executed, one died and another survived him.

¶1 Marriage to Henry VIII was a dangerous undertaking[2] for a Tudor woman. The politics and sexual codes of the day, along with the very tough job of pleasing a difficult man, resulted in the execution[3] of two queens and the banishment[4] of two more. But Henry was a man of his times and should not be viewed now as a monster.

¶2 For example, he had no say in choosing his first wife, Catherine of Aragon. She was originally married to Henry's older brother Arthur in 1501, as a way of building an alliance between Spain and England. When

Arthur suddenly died it was the turn of Henry (aged 10) to be engaged to Catherine. When Henry VII died in 1509 Henry and Catherine were crowned King and Queen. Unfortunately Catherine gave birth to a series of sickly and still-born[5] babies, while young Henry had love affairs with several ladies at court. In 1526 he fell in love with Anne Boleyn. Wanting to marry Anne, and needing a wife who would give birth to a healthy male heir[6], Henry asked the Pope to grant him a divorce from Catherine.

¶3   A long legal argument followed, concerning the legitimacy of Henry's marriage to Catherine. It ended with Henry cutting ties with Rome and making himself Head of the Church of England. He made Archbishop Thomas Cranmer declare the marriage with Catherine (who'd been his wife for 24 years) null and void[7] and marry Anne Boleyn. Catherine was left to live in various damp and unhealthy castles and died three years later. Unfortunately the new queen, Anne, was also unable to conceive a male heir. She had a fiery temperament and made many enemies in the court, so it was not difficult for the king's lawyers to fabricate[8] charges of infidelity[9] and incest against her. The marriage was annulled in 1536 and Anne Boleyn was beheaded[10] in the Tower of London.

¶4   Henry quickly married Jane Seymour, the daughter of a Wiltshire nobleman, who had caught his eye the previous year. In 1537 Jane gave birth to a son, Edward, but died during the birth. She was the only wife to be buried in Henry's tomb at Windsor Castle. Henry did not remarry for two years―he genuinely mourned his third wife. In 1540, he married Anne of Cleves (Cleves was a protestant German state on the Rhine, bordering Holland). Henry had admired her beauty when he saw a portrait of her by the famous German painter, Hans Holbein. Unfortunately, however, when he met the real Anne he found his new wife far less beautiful than he expected—he found her very ugly, in fact. Anne very sensibly cooperated in the annulment and managed to live out her natural life in a castle Henry had originally given to Anne Boleyn.

¶5 Next up was Kathryn Howard, a cousin of Anne Boleyn, who at just 19 was thirty years younger than Henry. Henry was now overweight and suffering from leg ulcers[11]. She nursed him well and brought some sparkle back to his life. Unfortunately she flirted[12] with some of the younger courtiers and may have slept with some of them. She was executed—much to Henry's anguish—in 1542, and was laid to rest next to Anne Boleyn in the Tower of London churchyard.

¶6 Henry's last wife, Katherine Parr, was a mature, well-educated widow, who soothed[13] the king through the painful last years to his death in 1547. Ironically, having survived marriage to Henry VIII, Katherine Parr died the following year in childbirth.

(640 words)

---

1. anull 無効にする、取り消す 2. undertaking 事業、仕事、企て、企業 3. execution 処刑、死刑執行、実行 4. banishment 追放、流刑 5. still-born 死産の 6. heir 法定相続人、後継者 7. null and void （法的に）無効の 8. fabricate 作る、組み立てる、（話などを）でっちあげる 9. infidelity 不信、背信（行為）、不貞 10. behead 首を切る、斬首刑に処する 11. ulcer 潰瘍、（比喩的に）病根、弊害 12. flirt いちゃつく、浮気する、もてあそぶ 13. soothe なだめる、落ち着かせる、緩和する

【パラグラフの展開をつかもう】

※空欄部分を補ってください。

¶1　ヘンリー8世との結婚は　[　　　　　　　　　　　　　　]

　↓まず

¶2　最初の妻は　[　　　　　　　]　アン・ブーリンと恋に落ち、[　　　　　　　　]

　↓結局

¶3　[　　　　　　　　]、[　　　　　　　　　]、
　　　アン・ブーリンと再婚するも　[　　　　　　　　　]

　↓次に

¶4　[　　　　　　　　　　　]　と結婚　[　　　　　　　　　　　]

　↓次に

¶5　[　　　　　　　　　　　]　と結婚　[　　　　　　　　　　　]

　↓最後に

¶6　[　　　　　　　　　　　]　と結婚　[　　　　　　　　　　　]

大島のウンチク

　妃を次から次へと取り替えて、多くの側近を断頭台へと送った国王を「色好み」「残忍」と性格づけてすませるなら、歴史は単純な物語になってしまう。物事はそんなに簡単ではない。

　15世紀の後半の数十年にわたり、イングランド国内の貴族を二分した戦いがバラ戦争だ。それを終結させたのがヘンリー7世で、その息子ヘンリー8世が、文章の主人公。そんなわけで、彼の玉座は、居心地のよいものとは言い切れなかった。国外に

目を向ければ、当時のヨーロッパの大国といえば、スペインやフランスであり、イングランドは波間に浮かぶ小国にすぎない。国内もまた、様々な貴族の反抗を想定しながら統治しなくてはならない。しかも貴族たちが裏で外国と通じているのだから、国王としてはたまったものではない。

　もちろん、彼本人の好みもあるけれど、妃が男子後継者を産んでくれないことには、またもや王位継承を巡る内戦がいずれ勃発してしまう。そこで王は最初の結婚をもともと無効だったことにするためにローマ教皇と交渉するが物別れ。それが英国国教会の誕生につながり、今日に至る。教義はプロテスタント、儀礼はカトリック、世俗の長は国王で、宗務の長はカンタベリー大主教というプラクティカルな国教会制度の発端が、国王の離婚問題という具体的な事件であったのは、いかにも英国的である。つねに具体から出発するのである。

　具体的であるだけでなく実践的であるのも英国精神。ヘンリー８世が離婚問題に関して、はるばるマルティン・ルターにまで意見を求めたのも不思議ではない。役に立つ意見ではなかったけれど。

　16世紀前半のイングランドの国情を体現した人物がヘンリー８世だったと言える。でもやっぱり、妃の「とっかえひっかえ」は「色好み」だし、２人の妃だけでなく、トマス・モアや多くの貴族を断頭台へ送ったのは「残忍」だ。

　第３パラグラフに出てくるconceiveは、通常は「考える」という意味だが、本文では「孕む」。頭でするか、子宮でするかの違いはあっても「はぐくむ」ことに変わりはない。この両義性を生かした台詞のかけあいが『リア王』の冒頭にある。

Episode 6／ヘンリー8世の6人の妻たち

【全訳】
ヘンリー8世の6人の妻たち

イギリス歴代の国王の中でも最も華々しい君主の1人だったヘンリー8世の名を最も有名にしているのが6回という結婚歴だ。一般に信じられているのとは逆に、ヘンリー8世が正式に離婚したことは1度もない。2回の結婚は無効とされ、2人の妻が処刑され、1人は死亡、1人は彼よりも長生きしたからだ。

¶1　ヘンリー8世と結婚することは、チューダー朝の女性にとって危険な大事業であった。気むずかしい男を喜ばせるというたいへんな仕事に加え、当時の政情や性規範が原因となって、結果的に2人の女王が処刑され、さらに2人が追放された。しかし、ヘンリー8世はその時代の男であり、現代の視点で彼を怪物扱いするべきではない。

¶2　たとえば、最初の妻、キャサリン・オブ・アラゴンを選ぶ際、彼には発言権がなかった。もともと彼女は1501年にスペインとイギリスの間に同盟関係を結ぶ目的でヘンリーの兄アーサーと結婚していたのだった。アーサーが急死すると、今度はヘンリー（当時10歳）がキャサリンと婚約することになった。ヘンリー7世が1509年に死亡し、ヘンリーとキャサリンは戴冠して国王と王妃となった。不幸にも、キャサリンには死産か、病弱の子どもしか生まれなかった。一方、若きヘンリーは宮廷内で数人の女性と関係を持った。1526年、ヘンリーはアン・ブーリンと恋に落ちる。彼女と結婚したいがために、そして健康な男子後継者を産む妻を必要としていたために、ヘンリーはローマ法王にキャサリンとの離婚を許可するよう頼んだ。

¶3　ヘンリーとキャサリンとの結婚の適法性をめぐり、法的な議論が長く続いた。ヘンリーがローマ（カトリック教会）と絶縁し、イギリス国教会を創設して自らその首長となることで議論は終結した。そして、ヘンリーは大司教トーマス・クランマーに、結婚24年になる妻キャサリンとの婚姻は無効だと宣言

させ、アン・ブーリンと結婚することを許可させた。キャサリンは追放され、じめじめとした不衛生な城を転々としたあと、3年後に死亡した。不幸にも、新しい王妃アン・ブーリンも世継ぎの男子を産むことはなかった。彼女は激しやすい性格で宮廷内に多くの敵がいた。そのため、王の法官たちは簡単に不義と姦通の罪をでっち上げることができた。1536年、この結婚は無効とされ、アン・ブーリンはロンドン塔で斬首された。

¶4　ヘンリーはそのあとすぐに、ウィルトシャーの貴族の娘、ジェーン・シーモアと結婚した。彼女はその前年、ヘンリーに見初められていたのだった。1537年、ジェーンはエドワードという男の子を産んだが、その出産のせいで亡くなった。彼女はウィンザー城にあるヘンリーの墓に一緒に埋葬されている、ただ一人の王妃である。彼女の死後、ヘンリーは2年間独身でいた。彼は3番目の妻の死を純粋な意味で嘆き悲しんだ。1540年になって、彼はアン・オブ・クレーブスと結婚した（クレーブスとはライン川沿いにあって、オランダとの国境にあり、プロテスタントを信仰するドイツの領邦である）。ヘンリーは、ドイツの有名な画家ハンス・ホルバインが描いたアンの肖像画を見てその美しさを賞賛したが、本物のアンに会ったとき、自分の新しい妻が期待していたよりもずっと美しくない——はっきり言えば醜い——ということがわかった。アンは分別よろしく婚姻の無効化に同意し、そのあとはヘンリーがアン・ブーリンに与えた城に移り住み、天寿をまっとうした。

¶5　次に登場したのはキャサリン・ハワードである。アン・ブーリンのいとこでわずか19歳、ヘンリーより30歳も年下であった。ヘンリーは今や肥満体で足の潰瘍を患っていた。キャサリンはヘンリーをよく看護し、彼の人生に多少の輝きを取り戻してくれた。しかし、不幸にも、彼女は何人かの年下の廷臣たちと浮気をし、何人かとは同衾までした。ヘンリーにはつらいことだったが、彼女は1542年に処刑され、ロンドン塔の墓地にアン・ブーリンと並んで埋葬された。

¶6　ヘンリーの最後の妻はキャサリン・パーという教養ある未亡人で、前妻

とちがって大人の女性だった。国王が1547年に亡くなるまでの苦悩の晩年をよく慰めた。ヘンリー8世に最期まで連れ添ったが、皮肉なことにヘンリーの死の翌年、出産で命を落とした。

【パラグラフの展開】

¶1　ヘンリー8世との結婚は危険な大事業だった

　↓まず

¶2　最初の妻はキャサリン・オブ・アラゴン　アン・ブーリンと恋に落ち、離婚許可を教皇に求める

　↓結局

¶3　カトリック教会と絶縁、イギリス国教会を創設、アン・ブーリンと再婚するも結婚無効に

　↓次に

¶4　ジェーン・シーモアと結婚　ジェーンは男児出産後に死亡

　↓次に

¶5　キャサリン・ハワードと結婚　キャサリンは浮気をし処刑

　↓最後に

¶6　最後の妻キャサリン・パーと結婚　最期まで連れ添う

Episode 7
コロナド探検隊
—— 愚者の金

マヤやインカを征服したスペイン人が北アメリカにも同じような「黄金都市」があると信じて探検に出発しますが、数々の困難に遭遇します。黄金に執着していたせいで、スペイン人が見つけられなかったものは何でしょうか。もしそれを見つけていたら、歴史はどのように変わっていたでしょうか。

The Coronado Expedition
——Fool's Gold[1]

After destroying the Aztec and Inca civilizations of South America, and stealing enormous wealth, the Spanish conquistadors[2] tried to do the same in North America—thinking that there were similar advanced and wealthy civilizations there. They were totally wrong ...

¶1   Having conquered and stolen the great wealth of the Aztec and Inca civilizations, by the early sixteenth century the Spanish had taken full control of Mexico. It was from here that, acting on a dubious report of "golden cities," the viceroy[3] Antonio de Mendoza launched an expedition into the southwestern part of what is now the U.S.A. The force was commanded by Francisco Vasquez de Coronado and consisted of 300 soldiers with the support of a thousand Native American porters. In addition, two naval ships were dispatched up the west coast with the aim of supplying the land force. The object of the exercise was very cynical—to grab as much gold and treasure as possible. Both Mendoza and Coronado were shareholders[4] in the enterprise.

¶2   From the start things went badly. Progressing up the Sonora Valley into what is now Arizona, they located the so-called city of Cibola—which turned out to be a collection of Indian villages. After a short battle they conquered this "city" but found no treasure. Then a reconnaissance[5] party headed northwards and discovered the Grand Canyon—with the Colorado River too far below to be accessed. They failed to make contact with the two supply ships that should have been sailing up the Colorado.

¶3   Acting on another Indian rumor of a golden city—this one named Quivira—Coronado sent another party eastwards towards what is now Albuquerque (New Mexico) on the Rio Grande. This foray[6] failed, as did another expedition to locate the ships. Winter set in and the Spanish were forced to camp on the Rio Grande until spring. In April 1541 they moved eastwards and crossed the Pecos River above what is now Santa Rosa (also in New Mexico). The plains here were so flat and featureless that a number of scouts and hunting parties were lost. Perhaps because he was running low on provisions[7], Coronado decided to take a small party northwards in the hope of finding Quivira, while sending the bulk of his men back to the Rio Grande. He finally reached Quivira (near what is now Lyons, Kansas) in July, only to discover that this 'city of gold' was no more than a collection of huts used by Plains Indians for trading buffalo skins. Pieces of Spanish armor have been found in several sites in central

Kansas, which suggests that some of Coronado's men may have abandoned it in a fit of frustration.

¶4   Coronado slunk[8] back to rejoin the main army at the Rio Grande, sustaining a head injury when falling from his horse on the way. With winter setting in, he decided to call the whole thing off and return to Mexico—a bankrupt failure.

¶5   The Spanish didn't know that the tribal groupings of North America had not existed long enough to evolve into the kinds of civilizations they had destroyed in the South. With the arrival of the Europeans, such civilizations never did emerge. Another history that failed to unfold[9] was that of the Spanish becoming the dominant European force in North America. Being obsessed[10] with gold, they failed to see the New World's possibilities. They could have built on what Coronado had discovered and colonized a fertile land, rich in natural resources both animal and mineral. But they were not interested in all that—they just wanted to get rich quick.

(600 words)

---

1. fool's gold　黄鉄鉱（金に似た色をしており、金と間違われることがある）、見かけだおしのもの（副題はあえて直訳してある）　2. conquistador　征服者、コンキスタドール（英語のconquererのことだが、16世紀にメキシコ・ペルーを征服したスペイン人たちをconquistador(es)と呼ぶ）　3. viceroy　総督、副王（本国の国王に代わって植民地などを統治する者）　4. shareholder　出資者、株主　5. reconnaissance　偵察隊　6. foray　侵略、略奪、（他分野への）進出　7. provisions　（複数形で）食料（の備え）　8. slink　こそこそ［そっと］歩く、腰をくねらせて歩く　9. unfold　展開する、解き明かす、（折りたたまれたものを）広げる　10. be obsessed with ～　～に取りつかれる

【パラグラフの展開をつかもう】

※空欄部分を補ってください。

¶1　スペイン人はメキシコを支配後、[　　　　　　　　　　]

　↓まず

¶2　[　　　　　　]を征服するも[　　　　　　]

　↓次に

¶3　[　　　　　　]に到達するも[　　　　　　　　　　　]

　↓結局

¶4　[　　　　　　　　　　　　　　　　　　　　　　　　]

　↓実は

¶5　[　　　　　　　　　　　]＝伝説のような「文明」はなかった

大島のウンチク

　Fool's Goldというのは含みの多い表現なのかもしれない。辞書的には「黄銅鉱、黄鉄鉱」とあって、見た目が金に似ていて間違えやすいからという説明があり（東京大学の入試では2004年度後期試験に出てくる）、転じて「まがいもの」の類の意味もあるらしい。

　それだけでなく、Gillian Tettという女性が最近書いた本に*Fool's Gold: How Unrestrained Greed Corrupted a Dream, Shattered Global Markets and Unleashed a Catastrophe*というのがあって、J.P.Morganを舞台にした金融危機についての本らしい。21世紀初頭の金融危機なんて、たしかに「愚者の金」ということなのかもしれない。

歴史の中には、期せずして大富豪になった人もいれば、期待はずれな悲惨な境遇に陥った人もいる。野口悠紀雄『アメリカ型成功者の物語——ゴールドラッシュとシリコンバレー』（新潮文庫）に出てくる人々が好例だろう。副題にもあるようにゴールドラッシュとシリコンバレーをめぐる成功者（と敗北者）を活写しているからだ。思い込みと先見の明とが歴史の分水嶺のあちらとこちらにある。

　本文のラスト近くに、「実現しなかったもう１つの歴史の筋書きは」とある。歴史について考えるときの１つのおもしろさは、実現しなかった別のシナリオについて夢想することかもしれない。Robert Cowleyが編集した *What if* という本は、歴史学者たちのそんな空想を１冊の本にまとめたものだ（続編もある）。

【全訳】
コロナド探検隊——愚者の金

南米のアステカ文明とインカ文明を滅ぼし、莫大な財宝を奪い取ると、スペインからやって来たコンキスタドール（征服者）たちは、北米でも同じことをしようとした。そこにも同じように豊かで高度な文明があると考えていたからだ。しかし、彼らは完全に間違っていた……。

¶1　アステカ文明とインカ文明を征服し、莫大な財宝を奪い取ると、スペイン人たちは16世紀初頭までにメキシコの支配権を完全に掌握した。まさしくこの地から、「黄金都市」についての怪しげな伝聞を鵜呑みにして、総督アントニオ・デ・メンドーサは現在のアメリカ合衆国南西部への探検に出発したのであった。指揮官はフランシスコ・バスケス・デ・コロナドで、兵士300名から成り、アメリカ先住民1000名の荷物運搬人がそれを支えていた。さらに、陸上兵力への物資の供給を目的として、軍艦２隻が西海岸に派遣された。この探検の目的は、結末から考えると皮肉なことに、とにかく多くの財宝を奪い取ることだった。メンドーサもコロナドも営利目的の出資者だった。

¶2　最初から失敗続きだった。ソノラ渓谷を進んで今のアリゾナに向かうと、シボラの町と呼ばれる場所に着いたが、町とは名ばかりで、先住民の村の集合体にすぎなかった。小競り合いの後、この「町」を征服したが、財宝は見つからなかった。その後、偵察隊は北に向かい、グランド・キャニオンを発見したが、谷底を流れるコロラド川は遠すぎて近づけなかった。コロラド川をのぼってきているはずの2隻の補給船と落ち合うこともできなかった。

¶3　コロナドは、先住民の間に伝わる別の黄金都市——今度はクイヴィラという名である——のうわさを聞き、リオグランデ川の沿岸にある現在のアルバカーキー（ニューメキシコ州）に向け、東方へ別の部隊を送った。この遠征は失敗し、また補給船を捜索する別の部隊も失敗に終わった。冬が来ると、スペイン人たちはやむをえずリオグランデ川のそばで野営し、春を迎える。1541年4月、彼らは東に進み、現在のサンタ・ローザ（これもやはりニューメキシコ州）の上方を流れるペーコス川を渡った。このあたりの平原は、平地で目印もなかったので、何組もの偵察部隊や狩猟者たちが道に迷った。食料の備蓄が乏しくなってきたのか、コロナドはクイヴィラ発見の望みをかけて小さな部隊を北へ送る一方で、兵士の多くをリオグランデ川まで撤退させた。彼は7月にようやくクイヴィラ（現在のカンザス州ライアンズ近郊）に到達したが、そこでわかったのは、彼の思い描いていた「黄金都市」が平原インディアンたちがバッファローの皮革取引に使う小屋の集落でしかなかったということだった。カンザス州中央のいくつかの遺跡でスペイン人たちの甲冑が見つかっており、コロナドの一部の部下たちが不満を爆発させて、その地を後にしたことを示唆している。

¶4　コロナドはリオグランデ川に駐屯していた本隊にこっそりと合流した。途中、落馬して頭に傷を負った状態だった。また冬が来て、彼は探検をすべて中止し、メキシコに戻ることに決めた。破滅的失敗だった。

¶5　スペイン人たちは知らなかったのである。北アメリカの部族集団たちは、スペイン人たちが南米で滅ぼしたような「文明」を築き上げるほどこの地に長

く住んでいるわけではないということを。そして、すぐにヨーロッパ人が到来したため、そのような文明は決して芽生えることがなかったのだ。実現しなかったもう1つの歴史の筋書きは、スペイン人が北アメリカのヨーロッパ勢力の中で優勢になるというものである。黄金に執着していたがゆえに、スペイン人たちは新世界の可能性に気づかなかった。コロナドが発見し、征服した土地は、動物や鉱物などの天然資源が豊富なところであり、豊かな植民地を築くこともできたはずだった。しかし彼らはそうしたものには関心がなかった。彼らはただ一気に裕福になりたかったのである。

【パラグラフの展開】

¶1　スペイン人はメキシコを支配後、財宝を求め合衆国南西部へ

　↓まず

¶2　シボラを征服するも財宝は見つからず

　↓次に

¶3　クイヴィラに到達するも「黄金都市」などではないことを知り、別の部隊を送るが失敗

　↓結局

¶4　コロナドは破産　帰国を決意

　↓実は

¶5　北アメリカの先住民は定住の歴史が浅い＝伝説のような「文明」はなかった

Episode 8
ピルグリム・ファーザーズ
―― アメリカの種

信仰の自由と理想の社会を求めて新世界へと旅立った清教徒たちは、いわばアメリカの「種」でした。その「種」がアメリカの地で芽を出した時期を描いたのがこのエピソードです。どんな苦労があったのか、先住民たちとの関係がどのように変わっていったのかを読み取りましょう。

The Pilgrim Fathers
――Seeds of America

The first Europeans to settle permanently in North America are often called 'the Pilgrim Fathers.' Many of them were deeply religious—yet their arrival would lead to disastrous results for the native American people who at first welcomed them.

¶1　In 1620 the first permanent European settlement on North American soil was established—the seed from which the modern U.S.A. has grown. It later resulted in the extinction[1] of many Native American tribes and the end of the ancient hunter-gathering lifestyle. But at the time the Wampanoag people of Massachussetts failed to comprehend the implications of the Pilgrim Fathers' arrival.

¶2　They came originally from Scrooby in Nottinghamshire, England,

and were members of what might now be considered a religious cult. Although the Protestant Church of England had been consolidated under Elizabeth I, there were fringe groups[2] known as "Puritans" who felt that the established church was still too close to the Catholic Church because its symbols and rituals were too rich and extravagant[3]. They wanted something more plain and simple. In their eyes, that was the way to get closer to God. In 1609 a minor group of Puritans called "Separatists" emigrated to Holland, where they pursued a humble farming existence free from religious persecution. However, after ten years of gradual integration with the Dutch, the leaders decided that their group identity was becoming corrupted[4]—they wanted to retain their "Englishness" as well as their strict religious practices.

¶3 Originally they bought one ship—"The Speedwell"—and hired another—"The Mayflower." The Speedwell was ironically named—it turned out to be unseaworthy[5] and had to be abandoned, meaning that thirty pilgrims were left behind while around a hundred set sail in the overcrowded Mayflower, led by former postmaster John Brewster. In fact less than half of the voyagers were practicing Puritans—some, like the Dutch ex-soldier Miles Standish, were sympathizers while others just sought a better life. Remarkably, there were only one or two deaths during the hundred-day voyage.

¶4 The pilgrims had bought some land from the Virginia Company[6], but somehow failed to land there, arriving instead further north at Cape Cod in November 1620. Their first experience of Utopia was of knee-deep snow and fierce winds. But they were fortunate to discover supplies of corn buried by Native Americans—which they took. They then anchored[7] at Plymouth Rock (named by an earlier expedition in 1615) and set about[8] building log cabins during the day while returning to the ship at night. Some of the settlers wanted to live without rules in the New World but in the end 41 men put their names to a prototype constitution[9] called The Mayflower Compact[10]. Women had no say in the early democratic process.

¶5　The first winter was devastating[11]: half the colonists died from dysentery[12] and scurvy[13]. Had it not been for the indigenous[14] Wampanoag nation, and their benign[15] leader Massasoit, they might all have died. The Wampanoags showed the Puritans how to fish, farm, and preserve food. The Mayflower returned to Holland the following spring and the fact that all the survivors elected to stay shows the intensity of their convictions[16]. The following autumn a modest harvest was achieved and celebrated at the first "Thanksgiving," by Puritan and Wampanoag alike.

¶6　The early encounters between the Puritans and Native Americans had been relatively benign, although there had been a skirmish[17] when Miles Standish (probably accidentally) violated a sacred burial site. The Wampanoags were happy to share the common fruits of the earth, since they had no concept of land ownership, and enjoyed getting new tools etc. through trade with the Puritans. But as the colonists multiplied and spread, the attitude to indigenous people hardened: within fifty years the Wampanoags and many other east-coast tribes had been largely wiped out, with the remnants[18] seeking sanctuary[19] in other tribes. This, unfortunately, was the pattern of colonial/native relations for the next three centuries.

(650 words)

72　● Training／英米史を英語で読もう

1. extinction　絶滅、消滅　2. fringe group　過激派グループ（= lunatic fringe）、主流逸脱派（fringeは「へり、末端、周辺、ふち飾り」の意）　3. extravagant　ぜいたくな、過度の、法外な　4. corrupt　腐敗させる、堕落させる、（賄賂で）買収する　5. unseaworthy　（船が）航海に適さない　6. Virginia Company　バージニア・カンパニー（イングランド王ジェームズ1世からアメリカで植民地を拓く勅許を与えられた植民地開拓会社。1607年にバージニア州のジェームズタウンを建設）　7. anchor　投錨する、停泊する、（~を）錨で固定する　8. set about　~に取り掛かる、着手する　9. constitution　憲法　10. Mayflower Compact　メイフラワー契約（compactは「契約（を結ぶ）」）　11. devastating　破壊的な、壊滅的な、痛烈な　12. dysentery　赤痢、（一般に）下痢　13. scurvy　壊血症（[形]で「卑劣な、あさましい、むかつく」の意も）　14. indigenous　土着の、土地固有の、原産の、原住民の　15. benign　親切な、恵み深い、温和な（bene-はwellの意）　16. conviction　確信、信念、説得力、（有罪）判決　17. skirmish　（偶発的な）小競り合い、小論争、衝突　18. remnant　残余物、断片、残留　19. sanctuary　聖域

【パラグラフの展開をつかもう】

※空欄部分を補ってください。

¶1　1620年、[　　　　　　　　　　　　　　　　　　　]

　↓ピルグリム・ファーザーズとは

¶2　[　　　　]の中の[　　　　　]の中の[　　　　　]の人々
　　[　　　　　　　　　]と[　　　　　　　　]を求めていた

　↓そこで

¶3　[　　　　　　　　　　　　　　　　　　　　　　　]

　↓そして

¶4　[　　　　]に到着、新世界での生活を始める

　↓そして

¶5　[　　　　　　　　　　　　　　　　　　　　　　　]

　↓このように

¶6 最初は [　　　　　　　　] が続いたが、のちに変化し、[　　　　　　　　]

大島のウンチク

　私たちは過去の歴史的な出来事の結末を、あらかじめ知っている。だから、歴史について学ぶとき、気をつけていないと、当事者の緊迫した思いを見落としてしまいがちである。

　そういう視点の大切さについては、前節の「コロナド探検隊——愚者の金」でも触れてあるが、ピルグリム・ファーザーズの船旅についてもまた同じことが言える。彼らが宗教的な迫害を避け、そして次には純粋さを保とうという思いをもって、長い旅に出かけたときの切なる思い、不安感について思いをはせるには、その後の歴史の流れを一度はカッコに入れることも必要なのかもしれないのである。

　宗教関連の話は日本人の弱点だ。アメリカの支配層はWASP、つまりWhite Anglosaxon Protestant（白人でアングロサクソンでプロテスタント）であり、場合によっては、「男性」であることが条件として付加されることになっている。

　同じプロテスタントでも会派がいくつもあるし、（かつてほどでないにしても）社会階層によって所属する会派が異なる。したがって、子どもが通う日曜学校もサマーキャンプも異なり、よって交流する相手も異なるという事情がある。そこまで細かく分けなくても、ケネディ大統領がアイルランド出身のカトリックであったことは、アメリカ史の中では忘れられてはならない条件だろう（参考：Episode 19）。あるいは、イタリア、スペイン系の移民は名字だけでも類推がつき、カトリックが多いということは『刑事コロンボ』でも『ラブ・ストーリー』でも重要な因子になっている。

　気をつけておかないと、我々はその背景に宗教が踏まえられていることに気づくことさえできない。たとえば、ハリウッド映画にどれほど宗教の影があるか気づけるだろうか。英文を読んでいても同じことが起こりうる。

　その話にジャンプしたい方は、Episode 13（アラモ砦の戦い）をどうぞ。

【全訳】
ピルグリム・ファーザーズ——アメリカの種

北米に最初に永住したヨーロッパ人は、しばしば「ピルグリム・ファーザーズ」と呼ばれる。その多くは信仰深い人々であった。——しかし、彼らの到来は先住民たちに悲劇的な結末をもたらすことになる。最初は彼らを歓迎した先住民たちだったのだが……。

¶1　1620年、北米の土地に永住を目的としたヨーロッパ人の最初の入植地が建設された——これを「種」として近代国家アメリカ合衆国が育ってきた。この「種」が、やがて結果的に、先住民の多くの部族を絶滅に追いやり、古来の狩猟採集生活を終結させた。しかし、その当時、マサチューセッツに住んでいたワンパノアグ族はピルグリム・ファーザーズの到来の意味を理解できなかった。

¶2　ピルグリム・ファーザーズは、もともとはイングランド、ノッティンガムシャーのスクルービー出身者たちであり、今ならさしずめ宗教的カルト集団のメンバーであった。プロテスタントのイギリス国教会がエリザベス1世によってすでに確立されていたが、その中には「ピューリタン」と呼ばれる過激派グループが存在した。彼らは、イギリス国教会ではまだカトリックに近すぎると感じていた。それは象徴や儀式が華美で贅沢すぎたからである。彼らは、もっと地味で質素なものを求めていた。彼らの目には、そのほうが神にいっそう近づけるあり方に見えたのである。1609年、ピューリタンの中でも「分離派」と呼ばれる少数派のグループがオランダに移住し、そこで宗教的迫害を受けることなく、慎ましい農耕生活を送りつつあった。ところが10年間のオランダ人との緩やかな同化の後、分離派の指導者たちはグループのアイデンティティが損なわれてきたと判断した。厳格な信仰を守ることはもちろん、「イギリスらしさ」も維持したかったのである。

¶3　最初、彼らは「スピードウェル号」という船を購入し、もう1隻の「メイフラワー号」は借りた船だった。「スピードウェル号（高速号）」というのは皮肉な名前で、実は航海に適さないことが判明し、遺棄せざるを得なかったのである。そのため、ピルグリムのうちの30名は置いてけぼりとなり、約100名が手狭なメイフラワー号で出航した。指導者はジョン・ブルースター。元郵便局長である。実はメイフラワー号の乗船者のうち、ピューリタンの教義を信仰している者は半分以下だった。その他は、オランダの元兵士マイルズ・スタンダッシュのような共鳴者たち、そしてもっと良い暮らしを求めるだけの者もいた。100日間の航海で、わずか1、2名の死者しか出なかったのは驚きである。

¶4　ピルグリムたちはバージニア開拓会社から土地を購入しておいたのだが、なぜかバージニアには上陸できず、もっと北のケープコッドに到着した。1620年11月のことだった。「ユートピア」で最初に遭遇したのは、ひざまで積もった雪と凄まじい強風であった。しかし幸いなことに、先住民たちが地中に埋めたとうもろこしを見つけ——それを無断で持ち去った。それから、彼らはプリマス・ロック（1615年の探検で名づけられた）に停泊し、昼間は丸太小屋を建て、夜には船に戻るという生活を始めた。入植者の中には、新世界で規則に縛られずに生きたいと願っている者もいたが、最終的に41名の男性が、「メイフラワー契約」と呼ばれる憲法のひな型に署名した。民主的プロセスの黎明期において、女性には発言権がなかった。

¶5　最初の冬は悲惨であった。赤痢と壊血病で入植者の半分が死亡した。原住民のワンパノアグ族と、その親切な酋長マサソイトがいなかったら、ピルグリムたちは全員死んでいたかもしれない。ワンパノアグ族はピューリタンたちに漁や耕作の仕方、食物の保存方法を教えた。年が明けて春となり、メイフラワー号はオランダに戻ったが、ピルグリムたちの信念の強さは、生き残ったピルグリムたちが全員、この地に残ることを選んだという事実からわかる。秋になり、ささやかな収穫が得られたので、初めての「感謝祭」を開き、ピューリタンたちもワンパノアグ族もともに収穫を祝った。

¶6　マイルズ・スタンディッシュが先住民たちの聖なる埋葬地に（おそらく偶然に）足を踏み入れてしまった際、小競り合いが起きたことはあるが、初期の頃のピューリタンと先住民との関係は比較的温和なものだった。ワンパノアグ族は大地からの共通の恵みを喜んで分かち合った。なぜなら、彼らには土地を所有するという概念がなく、ピューリタンたちとの交易によって新しい道具などを入手するのは彼らにとっても良いことだったからだ。しかし、入植者が増え、居住地が広がっていくにつれて、原住民に対する態度は硬化していった。50年もしないうちに、ワンパノアグ族をはじめ、東海岸にいた多くの部族がほぼ絶滅させられ、生き残った先住民たちは他の部族の元に避難した。残念なことに、これがその後300年にわたって続く入植者と先住民との関係の典型例だったのである。

【パラグラフの展開】

¶1　1620年、アメリカ合衆国の起源となるピルグリム・ファーザーズが入植

　↓ピルグリム・ファーザーズとは

¶2　プロテスタントの中のピューリタンの中の分離派の人々　厳格な信仰とイギリスらしさを求めていた

　↓そこで

¶3　メイフラワー号でアメリカへ出航

　↓そして

¶4　ケープコッドに到着、新世界での生活を始める

　↓そして

¶5　悲惨な冬を過ごすが、先住民の助けを受ける

　↓このように

¶6　最初は先住民との温和な関係が続いたが、のちに変化し、先住民の多くが絶滅

Episode 9
黒死病とロンドン大火災

17世紀のロンドンを襲った2つの災害。それが結果的に、産業革命への道を切り開くことになります。前半で描かれる疫病の被害が広がるロンドンの町、後半で描かれる火災で壊滅状態となったロンドンの町、それぞれの様子を思い描きながら読んでいきましょう。なお、冒頭の歌の楽譜をp.82に掲載した。

The Black Death and Fire of London

Ring-a-ring of roses,

A pocket full of posies[1]*,*

Atishoo, atishoo,

We all fall down.

¶1　This seemingly innocent nursery rhyme[2] which is still chanted in school playgrounds today dates back to the Great Plague[3], also called the Black Death. In the original version the last line ran "we all fall down dead." It was believed that a "posy" of flowers could protect you from infection. But in the summer of 1665, 15% of the entire population of England sneezed[4] and fell down… dead.

¶2　There had been worse outbreaks of Black Death or Bubonic Plague[5] during the middle ages, notably in 1349, when one quarter of Europe's population was wiped out by the disease, which was transmitted by fleas carried on rats. The symptoms were described by the Italian Giovanni Boccaccio:

¶3   *"It first betrayed itself by the emergence of certain tumors[6] in the groin[7] or armpits[8], sometimes as large as an apple...black spots appearing on the arms and thighs[9] sometimes few and large, sometimes small and numerous...almost all died within three days..."*

¶4   In 1665 the plague spread rapidly through London's narrow streets—the cry "Bring out your dead!" resounded at night. Households containing just one victim were quarantined[10]—forced to stay in their own house—and this often resulted in the deaths of entire families. Great pits were dug at Aldgate and Finsbury Fields for the victims. The plague spread throughout the land—to this day the grassy embankments outside the city walls of York remind us of the plague pits dug there in that unhappy year. At places like Little Rollright in Oxfordshire, entire village communities were destroyed forever—only a church remains.

¶5   King Charles II fled to Oxford, but strangely it seems life went on as usual in the capital—the diary of Samuel Pepys (a high-ranking civil servant of the day) is more concerned with naval battles against the Dutch in that year. In spite of the high death rate, it seems that social life survived. Fortunately the onset of winter killed most of the disease-carrying fleas, but there were still small outbreaks occurring into the following year. These might have developed into another epidemic[11], had it not been for another disaster—the Great Fire of London.

¶6　In 1666 London was a jumble[12] of wooden, straw-thatched[13] houses crowded together along the banks of the river Thames. On the night of September 2nd, the King's bakery, in Pudding Lane on the east side of the river, caught fire. Strong winds rapidly spread the fire west, engulfing[14] riverside warehouses which stored many supplies that burned easily, including oil, coal and straw. Moving further westward, the fire engulfed St. Paul's Cathedral. The combination of burning timbers and melting lead actually caused the stones of the building to explode with the heat.

¶7　There seems to have been no emergency plan for such a fire. Pepys records: "Streets full of people and horses and carts loaden with goods, ready to run over one another…everyone endeavouring to remove their goods and flinging into the river or bringing them into lighters (boats)…" He goes on to claim that he himself had to persuade the King to order the pulling down of houses to create a fire-break―a measure which the Lord Mayor resisted! Finally, after several failures, a fire-break was established at what is now Fleet Street, by using gunpowder to blow up houses.

¶8　The fire had destroyed four-fifths of the houses and churches in London, but a new city of stone was built on the ashes, including the famous new Saint Paul's Cathedral, designed by Christopher Wren. The new London also had the first ever modern insurance company and an organized fire brigade. Along with these advances, the fire burned away the germs[15] of the Black Death. In two years London had suffered two disasters that cleared the way for the Industrial Age.

(650 words)

1. posy　花束　2. nursery rhyme　伝承童謡（マザーグースなど）。rhymeは「韻（を踏む）」　3. Great Plague (of London)　（ロンドンの）大疫病（1665～66年に起こった腺ペストの大流行を指す）　4. sneeze　くしゃみ（をする）　5. Bubonic Plague　腺ペスト　6. tumor　腫れ、腫瘍　7. groin　そけい部（脚の付け根）、股間　8. armpit　脇の下　9. thigh　もも、大腿部　10. quarantine　～を隔離する、検疫する、（政治的・経済的・社会的に）孤立化させる　11. epidemic　伝染病（の）、流行（の）　cf. endemic「特定の地域に限られた、固有の、風土病・地方病」(en- = in)、pandemic「全国的・世界的に流行している」(pan- = all)　12. jumble　ごちゃまぜ（の物）、寄せ集め、混乱　13. straw-thatched　わらぶき屋根の（thatchは「屋根をふく」の意）　14. engulf　（淵などに）飲み込む、巻き込む、包み込む　15. germ　病原菌、微生物、細菌（「胚、胚芽」の意も）

【パラグラフの展開をつかもう】

※空欄部分を補ってください。

¶1　リードの童謡は1665年の黒死病の流行を背景に生まれた

　↓まず

¶2　[　　　　　　　　　　　　　]　についてボッカッチョが描写

　↓すなわち

¶3　（資料の引用）

　↓今回は

¶4　[　　　　　　　　　　　　　　　　　　　　　　　　　]

　↓そして

¶5　[　　　　]　はとどこおりなく続き、ペスト渦は小康状態に

　↓しかし

¶6　ロンドン大火災が起きる

　↓ところが

¶7 [　　　　　　　　　　　　]ため、鎮火に手間どる

↓結局

¶8 ロンドンの5分の4が焼滅したが、[　　　　　　　　]

大島のウンチク

　災害は当事者にとって耐え難い苦痛である。しかし皮肉にも、ときとして、新しい世界への地ならしをする。

　14世紀のペストは、イタリアに文学の大輪を1つ、咲かせることになる。ボッカッチョの『デカメロン』である。トスカナ地方を襲った病気から逃れるために、教会で偶然出会った10人の男女たちが物語ったこととして、100篇の小話が展開されていく。病人から距離を置くことくらいしか対策がなかったことが、逆に、仮想の語りの場面を設定することとなった。ここにおいて、中世の口承文学が合流し、やがて近代の様々な作品へと分流していく。

　17世紀の南イングランドを襲ったペストは、1人の若者を故郷の家へ疎開させることになる。この男、アイザック・ニュートンは、ケンブリッジ大学が閉鎖されていた1年半の間に、微積分、光学、力学の基本法則といった分野につながる着想を得る。1つ1つを単独で考えても歴史上の大成果。その種子を短期間で得たのも、ペストがもたらした長期休暇のおかげかもしれない。ちなみに、「リンゴが落ちるのを見て」というエピソードも、この頃のことだということになっている（そのリンゴの枝から採った子孫のリンゴの木が東京の小石川植物園にある。この植物園は、江戸時代の小石川療養所の跡地。ここでまた、病気の話とつながるわけだ）。

　イギリス最大の建築家クリストファー・レンがロンドン大火災に遭遇したことは、歴史の偶然なのか、それとも、大火災があったからこそ、レンが腕をふるうことができたのかを論じても、ニワトリとタマゴ。ともあれ、イギリスの何種類ものポンド紙幣に登場してきた建築物の設計者は、都市計画の新時代の図面をひく運命を背負った

ことになる。

　それにしても、本文の中で、ペストの死人が出てくるくだり、ディケンズの小説のどこかの場面を思わせるとは思いませんか？　英文著者トム・ギルのさりげない筆の運びの中に、文学の伝統を感じざるをえないのです。

Ring-a-ring o'ro-ses, A pocket full of poi-ses, A-ti-shoo! A-ti-shoo! We all fall down. The cows are in the meadow, Lying fast asleep, A-ti-shoo! A-ti-shoo! We all get up again.

【全訳】
黒死病とロンドン大火災

　　　　バラの花束をつくろうよ
　　　　ポケットいっぱいの花束を
　　　　ハックション、ハックション
　　　　みんなで一緒に倒れよう

¶1　一見無邪気なこの童謡は、現在も学校の校庭で歌われているが、「大疫病」、つまり黒死病に由来するものである。元の歌詞では最後の行が「みんなで一緒に死んで倒れよう」となっていた。人々は、花束が感染を防いでくれると信じていた。しかし、1665年夏、イングランドの全人口の15パーセントがくしゃみをし、倒れて……死んでいった。

¶2　中世の間、とりわけ1349年には、黒死病、すなわち腺ペストの、もっとひどい大流行があった。この病気はネズミについたノミによって感染するもので、このときはヨーロッパの人口の4分の1が死亡した。その症状はイタリアのジョバンニ・ボッカッチョが次のように描写している。

¶3　「この病気は最初、足の付け根、またはわきの下に腫瘍という形で表れる。腫瘍の大きさは時にリンゴほどの大きさにもなる。腕や脚の黒い斑点は大きくて少ないこともあれば、小さくてたくさんあることもある。感染すると、ほぼ全員が3日以内に死亡する」

¶4　1665年、この疫病はロンドンの細い路地という路地に広がっていった。夜になると「死人を出せ」という叫び声が響き渡った。1人でも犠牲者が出た家庭は検疫が行われ、家から出ないように強制された。そのせいで一家全員が死亡という結果になってしまうことも多かった。オルドゲートやフィンズベリー・フィールズには犠牲者のために大きな穴が掘られた。疫病は全土に広まった。今日に至っても、ヨーク市の城壁の外にある草深い土手は、その不幸な年に掘

られた疫病犠牲者を埋めるための穴を思い出させるよすがとなっている。オックスフォードシャーのリトルロールライトなどでは村全体が壊滅し、一堂の教会だけが残った。

¶5　国王チャールズ2世はオックスフォードに避難したが、不思議なことに、ロンドンでは普段どおりの生活が送られていた。サミュエル・ピープス（当時の高等官吏）の日記は、その年のオランダとの海戦に関わる記述のほうが多かったほどだ。死亡率は高かったが、市民生活は続いていた。幸いなことに、冬になって、病原菌を運ぶノミのほとんどが死んだ。翌年に入っても小さな流行が続き、再び大流行する恐れもあったが、もう1つの悲劇が起きたために回避された――ロンドンの大火災である。

¶6　1666年、ロンドンは、テムズ川沿いにわらぶき屋根の木造住宅がひしめく雑然とした町だった。9月2日夜のこと、テムズ川東岸のプディング・レーンにある王室御用達のパン屋から火が出た。強風のため、火は西に向かって一気に燃え広がり、川沿いに並ぶ倉庫を次々と飲み込んだ。倉庫には、油、石炭、藁といった燃えやすいものが多く貯蔵されていた。さらに西に燃え広がり、セントポール大聖堂にも到達した。燃え盛る材木と溶け出した鉛が混ざり、大聖堂の石は熱で爆発した。

¶7　そのような火災に備えた緊急対策は講じられていなかったらしい。ピープスは次のように記録している。「通りは人や馬、品物を積んだ荷車であふれかえり、互いに押し倒さんばかり。誰もが家財を運び、川に飛び込んだり、はしけ（ボート）に乗り込む」。さらに続けて、防火地帯をつくるべく、家を壊す命令を出すよう、彼自身が国王を説得しなければならなかったと書いている。そしてこの措置をロンドン市長が拒否！　何度も失敗したあげく、火薬で家々を爆破し、現在のフリート街あたりに防火地帯をつくることができた。

¶8　この火事でロンドンの住宅および教会の5分の4が瓦礫となった。しかし、灰燼の上に、石造りの新しい町が建設された。クリストファー・レンが設計した有名な新セント・ポール大聖堂もその1つである。新しいロンドンには、

史上初の近代的な保険会社と組織的な消防団ができた。火事は、このような発展をもたらしたと同時に、黒死病の病原菌も焼き尽くした。2年間のうちにロンドンでは大災害が2つも起きたが、それが産業時代への道を切り開いたことになる。

【パラグラフの展開】

¶1　リードの童謡は1665年の黒死病の流行を背景に生まれた

　↓まず

¶2　中世に流行した黒死病についてボッカッチョが描写

　↓すなわち

¶3　（資料の引用）

　↓今回は

¶4　ロンドンを中心にイギリス全土に広がる

　↓そして

¶5　市民生活はとどこおりなく続き、ペスト渦は小康状態に

　↓しかし

¶6　ロンドン大火災が起きる

　↓ところが

¶7　緊急対策が講じられていなかったため、鎮火に手間どる

　↓結局

¶8　ロンドンの5分の4が焼滅したが、産業時代の幕開けに

Episode 10
ボストン茶会事件

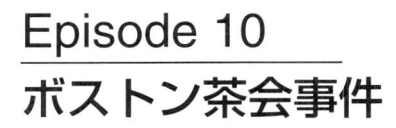

アメリカ植民地の人々のイギリス本国に対する不満が爆発したのがボストン茶会事件です。植民地の人々は何が不満だったのでしょうか。事件の直接のきっかけとなったのは何でしょうか。「茶会」がどんなふうに進められたかも読み取っていきましょう。

The Boston Tea Party

Most of the colonists in America were ethnically British, but by the late 18th century they were feeling steadily less 'British' and more 'American.' The Boston Tea Party was a rebellion against British taxes that heralded[1] the coming War of Independence.

¶1   The 'Boston Tea Party' in 1773 was the culmination[2] of a long period of friction between the Boston colonists and the British government, which had imposed a series of unpopular taxes. The colonists felt that this was unfair: They were paying taxes to Britain but had no right to vote for representatives in the British parliament. Their famous slogan was 'no taxation without representation.' To make the colonists obey the British authorities, the government in London sent a team of commissioners to assist the Governor in the running of the port, backed up with two regiments of soldiers. The soldiers used the Boston State House (the local government building) as their barracks and generally behaved disgracefully towards the local people.

¶2   The British probably planned to provoke the colonists into[3] acts of rebellion in order to justify increased control over trade. Eventually in 1770 the frictions between the soldiers and locals resulted in the Boston Massacre[4], when soldiers opened fire on unarmed civilians whom they had provoked into throwing snowballs. Five people were killed and six more wounded. Although some of the soldiers were jailed for this crime, it had the effect of further souring[5] relations and radicalizing the colonists. A political group called The Sons of Liberty sprung up, led by one Samuel Adams.

¶3   In 1773 the British government passed another provocative taxation law—the Tea Act. This law exempted[6] the British East India Company from all the usual excise[7] duties on their tea exports to The New World. It was a blatant[8] attempt to favor the East India Company, which had fallen on hard times through its own mismanagement and corruption. The British hoped that the colonial tea drinkers would support the measure because it would mean cheaper tea for them—but women's groups all over the country boycotted[9] the East India Company.

¶4   On November 27th 1773, three East India Company ships arrived at Boston harbor under the protection of Royal Navy warships. The port authorities refused them mooring[10] unless they paid the standard import duties—in defiance of the British Government. The Naval commander threatened to land the cargo by force if the Bostonians had not yielded by the start of December. The Bostonians demanded action from the Governor, who promised a decision on what to do by 5pm. When the hour arrived the people found that the Governor had run away to his country home—perhaps he realized it was a no-win situation[11].

¶5   That night the Sons of Liberty took action. Some of them dressed up as Mohawk Indians while others blackened their faces to look like African Americans, before rowing out to the East India Company ships in the harbor. (The disguises were probably designed to protect individuals from identification rather than to blame the whole exercise on minority groups.) The boarders met with no resistance, either from the crews of the merchant vessels or the warships that should have been protecting them. In a short space of time, they dumped 342 crates[12] of Darjeeling tea into the sea. The Navy officers must have known what was going on, as it was a quiet night and the sound of axes splintering[13] wooden crates resounded around the harbor. They clearly had no desire for a fight.

¶6   A couple of Bostonians were discovered trying to stuff handfuls of tea into their pockets and received a public kicking for damaging the image of the rebellion. But in general the tea was simply destroyed. News of the 'Boston Tea Party' quickly spread to other ports, and other 'tea parties' followed. The British Government retaliated[14] by closing the port of Boston, limiting the powers of self-government in the colonies and taking over colonists' farm buildings on the east coast to house their soldiers. A far bigger 'tea party'—the War of Independence (1775-1783)—had been brewed up[15] in Boston harbor that night in 1773.

(680 words)

1. herald 告知する、先触れ［予告］する 2. culmination 最高点、頂点、最高潮、全盛 3. provoke ＋ 人 ＋ into ～ 人を挑発して～させる 4. massacre 大虐殺（ただし、実際の死者は5人。誇張した用語を使うことで反英感情をかきたてるためのプロパガンダとして事件を利用した） 5. sour 酸っぱくする［なる］、不機嫌にする［なる］、だめにする（もともとは［形］で「酸っぱい」の意） 6. exempt ＋ 人 ＋ from ～ 人を～から免除する（［形］で「免除された」の意も） 7. excise 物品税、消費税、（営業などの）免許税 8. blatant 騒々しい、あくどい、ずうずうしい、はなはだしい 9. boycott ボイコットする、不買運動で苦しめる 10. moor （船・航空機を）つなぐ、停泊させる 11. no-win situation 絶望的な状況 12. crate （割れ物などを運ぶ）木枠、（果物類を運ぶ）竹［柳］かご、密封梱包用の箱 13. splinter 裂く、割る、こっぱみじんにする 14. retaliate 仕返しをする、応酬する、報復関税を課する 15. brew up お茶を入れる、引き起こす（本文では2つの意味をかけている）

【パラグラフの展開をつかもう】

※空欄部分を補ってください。

¶1　ボストン茶会事件はイギリス政府とボストン植民地の対立の頂点

　↓まず

¶2　イギリスがわざと植民地を挑発→1770年、［　　　　　　　］へ

　↓［　　　　　］

¶3　1773年、［　　　　　　　］→［　　　　　　　　　］へ

　↓さらに

¶4　［　　　　　　　　　　］を拒否→総督に事態の収拾を要求するも失敗

　↓そこで

¶5　［　　　　　　　　　　　　　　　　　　　　　］

　↓その後

¶6　イギリスの圧迫強化→［　　　　　　］→［　　　　　　　］へ

大島のウンチク

　それにしても、しゃれた名前をつけたものだと思う。「襲撃事件」を「茶会」とは。
　しかし、tea partyという表現、そのうちでもpartyという単語をしみじみと考えると不思議な気分にもなる。日本語でいうパーティーも、登山の「一行」も、「政党」も同じ一つの単語。なにやらすてきです。政治を行うのに、年がら年中、まじめなふりをして鳩首つきあわせたところで妙案が出るとはかぎらない。ときには、エンジョイしながら、お祭りのようにやることも大切かもしれない。逆に、何かのパーティーの準備も、政治と同じくらい真面目にやっておきたいところ。ともあれ、人と人とが集まって、なにやら実行することになれば、みんなpartyというわけ。
　Boston Tea Partyの中心人物の１人、サミュエル・アダムズは、たんなる急進派ではない。合衆国第２代大統領ジョン・アダムズの従兄弟であるというだけでも見当はつく。独立宣言の作成にも大いに貢献した。変革期の人物が、おたずね者になったり、英雄になったりするのは、座標軸が動揺する時期だから当然のこと。だから歴史の躍動期はおもしろい（韓国でも、南アフリカ共和国でも、政治犯として囚われていた人物が大統領になったりしているし。そうそう、明治維新の頃の日本も忘れちゃいけません）。
　ところで、tea partyって、どんなものなのだろう？　まあ、何人かが集まって、お茶を飲んだり、軽食をとったりすることなのだろうが、ささやかな体験談を。
　ドイツの町で、ドイツ人夫妻に誘われた。かつての荘園領主の館を思わせる建物の２階のテラス。聞こえてくるのはクラシックの室内楽だけど、たぶん生演奏。楽士の姿は見えず。まずは、白ワインを飲みながら、サンドイッチをナイフとフォークで（『午後の紅茶だよ』と言っていたのに‥‥）。落ち着いたら、紅茶のリスト。適宜選ぶと、紅茶と一緒に銀盆の３階建てのエクレア類の山（言ってくれればサンドイッチをセーブしたのに‥‥）。以下、略。後刻、彼ら曰く、「どうでしたか。Überraschungは？」あ、すみません。Überraschungというのは「不意打ち」というドイツ語です。そ

のときは私が、ボストン茶会事件ではイギリス艦が、不意打ちをくらったということになります。

【全訳】
ボストン茶会事件

アメリカに植民した人々のほとんどは民族的にはイギリス系であったが、18世紀後期までには、彼らは「イギリス人」というよりは「アメリカ人」だという自覚を着実に持つようになっていた。ボストン茶会事件はイギリスからの課税に対する反乱であり、やがて生じる独立戦争の前ぶれとなった。

¶1　1773年のボストン茶会事件は、ボストンの植民者たちとイギリス本国政府との間で長年くすぶっていた対立が頂点に達したものだった。イギリス政府は、従来から評判の悪い課税を立てつづけに行い、植民者たちは不公平だと感じていた。イギリスに税を支払っているのに、国会議員の選挙権を持っていなかったのである。「代表なくして課税なし」は彼らのスローガンとして有名である。植民者をイギリス当局に従わせるため、ロンドン政府は植民地総督が行う港湾管理を援助する行政官を二個連隊とともに派遣した。兵士たちは、ボストン議事堂（地方政府庁舎）を兵舎として使用し、全体として地元住民に対し横柄な態度を取っていた。

¶2　貿易に関する管理強化を正当化するために植民者を挑発して反乱行為を起こさせようというのが、たぶんイギリス側の目論見だった。その結果、1770年、イギリス軍と地元住民との対立はボストン大虐殺に至る。イギリス軍兵士が武器を持たない一般市民を挑発して発砲したのである。彼らを挑発して雪玉を投げるように仕向けた上でのことだった。死者5人、負傷者6人だった。何人かの兵士が罪を問われ、投獄されたものの、関係はさらに悪化し、植民者たちはさらに急進的になった。「自由の息子たち」という名の政治結社が誕生した。リ

ーダーの名をサミュエル・アダムズという。

¶3　1773年、イギリス政府は挑発的な税法をもう1つ制定した。「茶法」である。この法律は、新世界に輸出する紅茶に課される通常の物品税がイギリス東インド会社は免除されるというもので、東インド会社をあからさまに特別扱いしようとするものであった。東インド会社は経営の失敗と腐敗で苦境にあえいでいたのである。イギリス政府は、紅茶が安くなるのだから植民地人もこの法律を支持するだろうという思惑だった。しかし、アメリカ全土の女性グループが東インド会社製品の不買運動を行った。

¶4　1773年11月27日、東インド会社の船3隻が、イギリス海軍の軍艦に守られながらボストン港に到着した。東インド会社が標準の輸入税を支払わなければ停泊を拒否するという内容の決定を、港湾当局が行った。イギリス政府に対する大胆な抵抗である。海軍の指揮官は、12月に入るまでにボストン側が譲歩しなければ実力行使で積荷を陸揚げすると脅した。ボストン人は植民地総督に結論を出すよう求め、総督は午後5時までに決断を下すことを約束した。しかし、刻限が来たときには、総督は郊外の別荘に逃げてしまっていたことがわかった。おそらく勝ち目のない状況だとわかったのだろう。

¶5　その夜、「自由の息子たち」は行動を起こした。ある者たちは、モホーク族の服装を身につけ、また、ある者たちは顔を黒く塗ってアフリカ系アメリカ人に変装してから、ボートを漕いで、港にいた東インド会社の船に近づいていった（ちなみに、こうした変装は、マイノリティの人々の仕業に見せかけるためではなく、個々のメンバーの正体がばれないようにするためだったと思われる）。商船からも、それを護衛しているはずの戦艦からも、切り込み部隊はまったく抵抗を受けなかった。ほんの短時間のうちに、彼らはダージリン紅茶342箱を海に投げ捨てた。その夜は静かな夜で、斧が木箱を壊す音が港中に響いていたので、海軍士官たちは何が起きているかはわかっていたはずだった。彼らに戦闘の意思がないのは明らかだった。

¶6　2、3名のボストン人がお茶をポケットに詰め込もうとしていたことが

発覚し、反乱のイメージを壊したとして公衆の面前で殴打された。しかし、紅茶はおおむねそのまま投棄された。ボストン茶会事件のニュースはすぐに他の港にも伝わり、他の港でも別の「茶会」が開かれた。イギリス政府はボストン港を封鎖し、植民地政府の自治権を制限し、東海岸沿いの植民者たちの農舎を兵舎として接収するという報復措置を取った。はるかに規模の大きい「茶会」――すなわち、アメリカ独立戦争（1775〜1783年）――は1773年のこの夜、お膳立てができたのである。

【パラグラフの展開】

¶1　ボストン茶会事件はイギリス政府とボストン植民地の対立の頂点

　↓まず

¶2　イギリスがわざと植民地を挑発→1770年、ボストン大虐殺へ

　↓次に

¶3　1773年、「茶法」を制定→東インド会社製品の不買運動へ

　↓さらに

¶4　東インド会社船の停泊を拒否→総督に事態の収拾を要求するも失敗

　↓そこで

¶5　貨物のダージリン紅茶を海に投げ捨てる

　↓その後

¶6　イギリスの圧迫強化→さらなる不満の高まり→アメリカ独立戦争へ

Episode 11
ルイス&クラーク探検隊
――「ミズーリを渡るそよ風に吹かれて」

北アメリカ大陸横断に初めて成功したルイス&クラーク探検隊。ミズーリ州セントルイスからノースダコタを通り、ロッキー山脈を越えて太平洋岸にいたる探検の軌跡を、当時の苦難を想像しながら読んでいきましょう。

The Lewis and Clark Expedition
――"A Gentle Breeze Up the Missouri[1]"

Although the United States had declared independence in 1776, it still covered only a small area on the east coast of the North American continent. In 1804 President Jefferson sent out a daring[2] expedition to explore the vast unknown areas to the west.

¶1　At the start of the nineteenth century, President Thomas Jefferson felt that it was time to launch an expedition into the unexplored American West. Easier routes for fur trading with the indigenous people of the West were needed. Also, building forts and erecting flags in the area would legitimize any claim the United States government might make on the territory in the future. Congress approved $2,500 for the expedition and Jefferson appointed his 28-year-old secretary, Meriwether Lewis, to lead it. Lewis appointed a former army colleague, William Clark, as joint leader. The expedition was given a scientific gloss[3] to prettify[4] the obvious political and economic objectives—they were to learn as much about the Indians' customs and languages as possible and collect examples of plant and animal life.

¶2 The expedition consisted of soldiers, frontiersmen, boatmen and Clark's African American servant York—around forty men. They started sailing up the Missouri in May 1804 in a small vessel known as a keelboat[5]—a sort of floating log cabin. That first summer they made steady but difficult progress. Groundings on sand banks, storms, a couple of desertions[6] and a minor mutiny[7] were among the challenges. One soldier died of appendicitis[8]. By November they were in North Dakota and constructed Fort Mandan—named after the local Indian tribe. They spent the winter hunting and trading with the Mandans—building up supplies for the next leg of the journey. Before setting off they were very fortunate to hire a French-Canadian trapper[9] called Charbonneau who was married to a Shoshoni Indian named Sacagawea. Her presence in the party would help convince any Shoshonis they encountered of their peaceful intentions.

¶3 In the spring of 1805 they sent the keelboat back to St. Louis, loaded with scientific curiosities[10], and continued up the narrowing Missouri in canoes. They had to carry their gear[11] on foot for 16 miles round the Great Falls. They then found the Missouri splitting into three tributaries[12] at the foot of the Rocky Mountains. These they named the Gallatin, the Madison and the Jefferson. The Rocky Mountains would have presented them with a serious challenge had it not been for a stroke of luck: they encountered a couple of Shoshoni girls who led them to the main tribe. Sacagawea was reunited with her brother Cameahwait after six years, and learned that he was now chief of the tribe. This connection made it easy for the explorers to trade for horses and hire a guide to lead them through a formidable[13] section of the Rockies called the Bitteroot Mountains.

¶4   It was here that they experienced serious hardship for the first time—severe cold and starvation[14]. In the end they were forced to eat the horses. But on the other side of the Bitteroot range they were welcomed by the Nez Perce Indian tribe and treated to a feast of salmon and local 'bush tucker[15]' (wild animals). The result was upset stomachs[16] for all the explorers! The Nez Perce guided them to Clearwater River, which bore[17] them into the Columbia River on perilous rapids[18] through the Cascade Mountains and finally onto the Pacific Coast, about a year and a half after starting from St. Louis. At this point the explorers passed an important democratic milestone—when trying to decide which side of the Colorado River to spend the winter on, they took a vote which included both the Native American Sacagawea and the African American York, and not just the white colonists.

¶5   In the spring of 1806 they headed back the way they'd come. At the Bitteroot valley they divided into two groups. Clark explored the Yellowstone River while Lewis led a party up a branch of the Missouri, which he christened[19] the Marias. Sadly, an otherwise peaceful expedition was marred[20] by a skirmish between Lewis' party and some Blackfeet Indians, which left two Blackfeet dead. The two halves of the expedition reunited and arrived back at St. Louis in September 1806 to a great reception, having been presumed dead[21]. The expedition had achieved its scientific goals and also demonstrated that there was no easy trade route through the Rocky Mountains—another solution would have to be found.

(740 words)

---

1. a gentle breeze up the Missouri　クラークが出発の日に書いた日誌の一節　2. daring　勇敢な、大胆不敵な、思い切った、むこうみずな　3. gloss　光沢、つや、(a ～で) 虚飾、見せかけ　4. prettify　飾り立てる　5. keelboat　キールボート (竜骨のある平底船)　6. desertion　遺棄、放棄、脱走 (＞ desert「～を放棄する、見捨てる、～から逃亡する」)　7. mutiny　(水兵や兵隊の) 反抗、暴動、反逆、一斉蜂起　8. appendicitis　虫垂炎、盲腸炎　9. trapper　(わなでけものをとる) 猟師 (＞ trap「わなをしかける、わなで捕える」)　10. curiosity　好奇心　11. gear　装置、道具、用具　12. tributary　川の支流　13. formidable　手ごわい、恐るべき　14. starvation　飢え、飢餓、餓死 (＞ starve「飢えさせる、渇望させる」)　15. bush tucker　ブッシュタッカー (森などでとれる動植物を食べること、またはその食べ物)　16. upset stomach　胃の不調、むかつき (upsetは「ひっくり返って、調子が悪い、混乱して、うろたえて、ショックを受けて」の意)　17. bear　運ぶ、持っていく　18. perilous rapids　危険な急流　19. christen　～に洗礼を施す、洗礼名をつける、～に命名する、～を初めて使用する　20. mar　完全さを損なう、～を (ひどく) 傷つける、台無しにする　21. presumed (to be) ～　～であると推定される

【パラグラフの展開をつかもう】

※空欄部分を補ってください。

¶1　[　　　　　　　　　　] が [　　　　　　　　　　] を決定

↓まず

¶2　[　　　　] 年、ミズーリ川をのぼり、[　　　　　　　] に到達

↓　[　　　　　　]

¶3　ミズーリ川の上流から [　　　　　　　　　] へ

↓しかし

¶4　本格的な困難に遭遇するも、[　　　　　　　　　　　　]
↓結局
¶5　引き返す途中、[　　　　　　　] が起きたが、[　　　　　　　　　　]

大島のウンチク

　この文章には、聞き慣れない地名や人名がたくさん出てくるので、敬遠したくなる人もいるだろう。あるいは、勉強熱心にも、地図帳を出してきたり、ネット検索をしたりする人もいるだろう。しかし、どちらの場合も、本文の探検隊の置かれた状況を痛切に追体験するのは難しい。

　日本で言えば江戸時代の終わり近く、装備も情報もあまりない米大陸に勇躍、飛び込んでいった探検隊。彼らには地図はなかった。私たちには地図がある。そして、北米大陸のこのあたりがアメリカ合衆国となっているということを私たちは知っている。しかし、彼ら探検隊の「ハラハラ、ドキドキ」する思いを追体験したければ、そういう歴史知識をカッコに入れて読んでいく姿勢も大切である。ネット検索で便利に調べ物ができる時代だからこそ、なおのこと、検索の手をとめて、彼らと行動をともにしたい。

　そもそも地図を手元においで照合して英文を読んでいくだけなら、それは「確認」しているだけではないか。彼らの冒険にシンクロできていない。そして、英語を使って未知の世界を踏破することを怠っている。私たちは、行く手を阻む茂みのような単語を踏みしだきながら前へ進んで行こう。

　だからこそ、本文の英語も、地名や人名を確認しながら進む表現になっている。この点はp.4〜p.5でも説明した。具体的には以下のとおり。

a small vessel known as a keelboat
Fort Mandan — named after the local Indian tribe
a French-Canadian trapper called Charbonneau

These they named the the Gallatin, the Madison and the Jefferson

a formidable section of the Rockies called the Bitteroot Mountains

　（最後の２つが植民者側の身勝手な「名づけ行為」であり「これは植民地主義だ！」という批判は、とりあえず保留）

　もちろん、単語のみならず、構文も制覇したい。ここでは１つだけ手助けを。¶２の末尾部分の文。

Her presence in the party would help convince any Shoshonis they encountered of their peaceful intentions.

　手間取った人は、節の範囲の取り違え。ここは、convince A of Bで「AにBのことを説得する」ということ。Aの箇所にany Shoshonis they encounteredという表現が入り込んでいるのでちょっとわかりにくくなっている。

【全訳】
ルイス＆クラーク探検隊
──「ミズーリを渡るそよ風に吹かれて」

1776年に独立を宣言したとはいえ、その時点での米国の領土は、まだ北米大陸東海岸のごく小さな地域にとどまっていた。そして1804年、ジェファソン大統領は、大がかりな探検隊を送り出した。西部に広がる広大な未知の大地を調査するためだった。

　¶１　19世紀の初頭、トーマス・ジェファソン大統領は未踏のアメリカ西部へ探検隊を派遣する時期だと考えた。西部の先住民との毛皮交易を容易にするためのルートが必要だったからである。さらにまた、要塞を造り、星条旗を立てておけば、将来アメリカが地域の所有権を主張する場合、その正当性を証明できるという思惑もあった。議会はこの探検隊のために2500ドルの支出を承認し、ジェファソンは彼の秘書であった28歳のメリウェザー・ルイスを探検隊の指揮

官に任命した。ルイスは軍隊で同僚だったウィリアム・クラークを共同指揮官に任命した。露骨な政治的・経済的意図をごまかすために、この探検には科学的な探検という名目が与えられた。探検隊は、先住民たちの慣習や言語をできる限り調査し、動植物をできるだけ採集することになっていた。

¶2　探検隊の構成員は、兵士、開拓者、船のこぎ手、そしてクラークのアフリカ系の使用人ヨークなど、約40名。1804年5月、キールボートと呼ばれる小さな船（水に浮かぶ丸太小屋のようなもの）でミズーリ川をのぼっていった。最初の夏は、困難に遭遇しながらも着実に進み続けた。砂の岸辺に座礁したり、嵐に見舞われたり、メンバーが数名脱走したり、ちょっとした反乱を起こしたりといった問題が起きた。さらに一人の兵士が盲腸炎で死亡した。11月にはノースダコタに到達し、マンダン要塞を建設した。この要塞の名はその地に住む先住民の部族にちなんでいる。その冬は、狩猟をしたり、マンダン族と交易をしたりして過ごした。探検の次の行程に備えて必要となる物を蓄えるためである。この地を出発する前に、フランス系カナダ人の猟師、シャルボノーを雇えたのは幸運だった。彼はショショーニ族の女性、サカガウィアと結婚していたのだが、隊の中にサカガウィアがいれば、ショショーニ族と出会ったときに、これが平和目的の探検であることを納得してもらえるからである。

¶3　翌年、1805年の春、ここまで乗ってきたキールボートには科学的に興味深い品を満載してセントルイスに戻し、探検隊はカヌーに乗ってさらに上流へと進んだ。ミズーリ川はさらに細くなっていく。グレートフォールズでは、装備を担いで徒歩で16マイルも迂回しなければならなかった。ロッキー山脈のふもとで、ミズーリ川が3つの支流に分かれていることを発見し、それぞれギャラティン川、マディソン川、ジェファソン川と名づけた。もしかりに、そこで思いがけない幸運が訪れていなかったら、ロッキー山脈は彼らにとって困難をきわめただろう。しかし、なんとそこで、ショショーニ族の少女数名と出会い、部族の居住地へと案内されることになる。サカガウィアは6年ぶりに兄のカムアフウェイトと再会し、彼がショショーニ族の酋長になっていることを知った。

一連の幸運のおかげで、探検隊は馬を調達したり、ロッキー山脈の中の難所、ビタールート山脈を先導してもらうガイドを雇ったりすることがかなり容易になったのである。

¶4　探検隊はここから初めて本格的な困難に遭遇することになった——厳しい寒さと飢えである。最後には連れていた馬を食べることを余儀なくされた。しかし、ビタールート山脈地域を越えると、彼らはネスパース族の歓待を受け、鮭や森などで取れる地元の食べ物（野生動物など）をご馳走になった。その結果、探検隊は全員おなかをこわしてしまったという。ネスパース族がクリアウォーター川まで案内してくれたので、そこから探検隊はクリアウォーター川を下り、コロンビア川に合流し、キャスケード山脈を通る危険な急流を過ぎ、ついに太平洋岸に到達した。セントルイスを出発してから1年半の歳月が経っていた。このとき、探検隊は民主主義という観点から見て重要な決議を行った。コロラド川のどちらの岸で越冬するかを決めるにあたり、白人の植民地人たちだけでなく、先住民族のサカガウィアやアフリカ系のヨークも含めて投票を行ったのである。

¶5　1806年春、探検隊はこれまでたどって来たルートを戻っていった。ビタールート渓谷で、彼らは二手に分かれ、クラークはイエローストーン川を探検し、ルイス率いる部隊はミズーリ川の支流をのぼっていった。この川をルイスはマライアス川と名づけた。残念なことに、ルイスの部隊とブラックフィート族の小競り合いがあり、ブラックフィート族の死者2名を出したことで、それまでは平穏に進んできた探検に傷がついてしまった。しかし、1806年9月、2つの部隊が合流し、セントルイスに戻ると、大歓迎を受けた。すでに全員死亡したものと思われていたからである。この探検は、科学的な目的も達成し、またロッキー山脈を越える安全な交易路はない——別の方法を見つける必要がある——ということも証明したのである。

【パラグラフの展開】

¶1　ジェファソン大統領が西部へ探検隊を送ることを決定

　↓まず

¶2　1804年、ミズーリ川をのぼり、ノースダコタに到達

　↓さらに

¶3　ミズーリ川の上流からロッキー山脈のふもとへ

　↓しかし

¶4　本格的な困難に遭遇するも、先住民の助けで太平洋岸に到達

　↓結局

¶5　引き返す途中、小競り合いが起きたが、成果を上げて帰還

Episode 12
ラッダイト運動
—— 職人たちの反乱

繊維産業の機械化が進むイギリスで起きた職人たちの抵抗運動は暴力に訴える激しいものでした。しかし、彼らを破壊主義者と呼ぶのは「公平ではない」と述べています。それはなぜでしょうか。抵抗運動の背景となったヨーロッパ全体の変化を読み取ってください。

The Luddites
——A Craftsmen's Revolt

During the Industrial Revolution (roughly 1750-1850), Britain developed new machines to do work traditionally done by skilled craftsmen. Some craftsmen, fearing unemployment and lower wages, rebelled and smashed the machines. One of these anti-technology movements was named after the mysterious Ned Ludd.

¶1　Textile-making was a very important industry in early 19th-century Britain, especially in counties like Nottinghamshire and Lancashire in central and northern England. The spinners, weavers and cloth-makers of these areas were world famous. But a series of inventions was gradually automating the industry: James Hargreaves' 'spinning jenny' (1764); Richard Akrwright's 'water frame' (1769); Samuel Crompton's 'spinning mule' (1779); Edmund Cartwright's 'power loom' (1785); Eli Whitney's 'cotton gin' (1793). As these new inventions slowly spread across the industry, more and more craftsmen lost their jobs or had their wages cut as the new factories produced cheaper products without needing such skilled labor.

¶2   At last, some of the craftsmen started to rebel against the new technology. Starting in March 1811, a wave of machine-breaking riots spread from Nottingham to other towns in England's North and Midlands. The rioters were called 'Luddites.' They would gather in woods outside the town and then at night march into the town to attack steam-mills using the new machinery. At the head of the crowd they carried a red flag and a straw effigy[1] of their leader, Ned Ludd, also called 'King Ludd' or 'General Ludd.' After this came a group armed with muskets (primitive rifles) and then a larger group of men with pick-axes. The musketeers would ensure that there was no resistance from the mill-owner, while the others would destroy the weaving machines.

¶3   Nowadays the Luddites are often seen as a gang of vandals[2] hopelessly trying to obstruct industrial progress. But that is not a fair view of this complex and ethically-driven movement.

¶4   Consider the historical context. At the start of the nineteenth century more than half the population lived in the country and most goods were made locally. Early manufacturing was powered by waterwheels. Factories were small, cozy affairs, where relations between workers and bosses were conducted face to face in small communities—it was a system that naturally made it difficult for owners to exploit[3] their workers to excess[4].

Weavers prided themselves as craftsmen. They dreaded[5] the arrival of steam-driven looms because of the loss of skill and status from their profession, as well as a genuine concern for the shoddiness[6] of the automated product. From 1789 attempts had been made to pass 'anti-machine' laws—but they were all rejected by Parliament.

¶5

'Ned Lud Gives Notice to the Coperation[7]—If the Coperation does not take means to Call A Meeting with the Hoseiars[8] about the prices Being—Droped Ned will assemble 20000 Menn together in a few Days and will Destroy the town in Spite of the Soldiers...'

—Luddite proclamation[9], Nottingham, 16 December 1811.

¶6 Automation couldn't have come at a worse time than the early 1800s. The country was at war with France and Napoleon had banned all British imports from Europe. This had battered the British economy, halving wages and doubling prices. Recently passed Land Enclosure laws denied people the right to farm on 'common land.' Using the common land had been a protection from poverty and starvation—now it was gone. To make things even worse, there were very poor harvests from 1809 to 1812. The resulting migration of farm workers to the cities caused a surplus of labor, and the bosses took full advantage by cutting wages. Brutal paternalism[10] prevailed—often workers were paid not in cash but with vouchers[11] that could only be exchanged for goods in the boss's shop—where prices were grossly[12] inflated.

¶7   The new technology was both a cause and a symbol of social breakdown and intolerable[13] hardship for many craftsmen. As the destruction progressed into 1812, the Luddites became more confident, often entering factories in broad daylight. In February Parliament passed the Frame Breaking Act, which allowed the death penalty to be imposed for machine breaking. This did not immediately stop the Luddites, but many were hanged and others were deported to Australia. Finally, fearing that the unrest could escalate into a full-scale revolution like the French Revolution twenty years earlier, Parliament dispatched a force of 35,000 soldiers under General Maitland to quell[14] the rebellion. By 1813 the riots had diminished greatly, and the movement was all over by 1817, though there were smaller uprisings in later years.

¶8   Lord Byron, the famous poet, spoke out against the Frame Breaking Act. He condemned[15] Parliament for failing to take measures to soften the transition to automated labor. Today the Luddites can be seen as early radicals who resisted the tide of consumer-driven technological change but were ultimately overwhelmed.

¶9   But who was Ned Ludd?

¶10   There had been in folklore for some time the story of a 'feeble-minded[16] lad' named Ned Ludd who in a fit of childish rage entered a shop and broke two weaving machines. When the revolution broke out, several people took his name, but there was no real Ned Ludd in the crowd. It is possible that he never actually existed—he was purely a symbol of resistance. Still, the fact that his straw effigy was carried in Luddite processions suggests a link with a pagan[17] past—pre-Christian religions used similar straw dolls in fertility rituals. Perhaps Ned Ludd symbolized not only craftsmanship but also a link with nature, and a more friendly kind of community than the one about to be imposed by the Industrial Revolution.

(920 words)

---

1. effigy （何かをかたどった）肖像、彫像 2. vandal （芸術品・自然美・公共物などの）破壊者 3. exploit 搾取する、利用する（もともとは「（鉱山・土地・天然資源などを）開発［開拓］する」の意） 4. to excess 過度に 5. dread ひどく恐れる、おののく 6. shoddiness 安っぽさ、粗雑さ 7. Coperation = corporation 組合 8. Hoseiars = hosiers メリヤス商人、靴下屋（>hose(s)「長靴下、ストッキング」） 9. proclamation 宣言（書）、布告（書） 10. paternalism 父親的温情主義［干渉］、パターナリズム 11. voucher （現金代わりに使える）引換券、商品券、割引券、クーポン券 12. grossly はなはだしく、ひどく、粗野に 13. intolerable 耐えられない、我慢できない、過度の、法外な 14. quell （反乱などを）鎮圧する、（恐怖などを）抑える、鎮める 15. condemn 非難する、糾弾する、～に有罪の判決を下す 16. feeble-minded 知能の低い、意志の弱い 17. pagan 異教徒の、不信心の

【パラグラフの展開をつかもう】

※空欄部分を補ってください。

¶1 [   ] により繊維産業で [   ] が進む

　↓そのため

¶2 一部の職人（ラッダイト）が武力による抵抗運動を開始

　↓しかし

¶3 ラッダイトを [   ] と見るのは不公平

　↓なぜなら

¶4 歴史的背景：[　　　　]への危機感から[　　　　]をめざすも失敗

↓そこで

¶5 （資料の引用）ラッダイト宣言

↓たしかに

¶6 新技術導入には最悪の時期（[　　　]、[　　　]、[　　　]、[　　　]）

↓結局

¶7 1812年、[　　　　]→「構造物破壊法」制定→1817年、[　　　　]

↓かえりみて

¶8 バイロン卿は「構造物破壊法」を批判

↓ところで

¶9 （問題提起）ラッダイトの元になっているネッド・ラッドとは誰？

↓答えは

¶10 ネッド・ラッドは[　　　　]の人物で、[　　　　]の象徴

大島のウンチク

　人は見た目にしばられる。自分たちが失業したり、賃金を減らされたりしている一方で、目の前に大きな機械が次々に導入されるのを見れば、誰だって、機械に仕事を奪われたと思うはずだ。現代だって似たような状況がある。しかし、ラッダイト運動の当事者たちは、機械を破壊するという強硬手段に出たのだった。素朴といえば素朴、野蛮といえば野蛮とも思える行為によって、彼らは資本の側の、文字どおり「機械的な」対応に対して、きわめて人間的な反乱を引き起こしたともいえる。

　本文からもうかがえるように、かつて、人は人間的な生産を行い、人間的な売買をしていた。誰がどのように作ったのかがわかる商品を、顔の知っている人から売って

もらっていたのだった。やがて、どのように作ったかわからない商品を、ほとんど面識のない人から売ってもらう時代へと向かっていく。

　社会が都市化し、世の中の匿名性が増大して、近代のマイナス面が一挙に噴き出す時代を迎え、現代にも通じる社会福祉や教育の問題が顕在化する。その文学的表現が、イギリスの大作家ディケンズの諸作品となる。マイナス面の犠牲の上に成立した強大な国家は、やがて大国の植民地の収奪権をめぐる大きな戦争の時代へと突き進んでいくことになる。

　日本も大慌てで統一国家を再編成し（明治維新1868年）、同じ土俵で勝負をすることになる。日本の国内にラッダイト運動のような大規模な都市労働者の反乱がなかったとしても、労働者の待遇や社会福祉や教育の問題は、依然として山積している。今の私たちの問題の萌芽が、この時代のイギリスにある。

　私たちがコンピュータやインターネットを破壊しないでいるのは、大規模に、静かに、新たな機械化が進行しているからに他ならないのかもしれない。そして、新しい機械が、一種の快楽供給機構として機能しているという点もまた。

【全訳】
ラッダイト運動──職人たちの反乱

産業革命（約1750〜1850年）の時代、イギリスでは、それまで伝統的に熟練職人が行ってきた仕事をやらせるための機械が新しく発明された。失業や賃金の低下を恐れた一部の職人たちは反発し、あちこちで機械を破壊した。このような機械反対運動の1つに、ネッド・ラッドという謎の人物にちなんで名づけられたものがあった。

¶1　19世紀初頭のイギリスにおいて、繊維製造は重要な産業であった。とくに、ノッティンガムシャーやランカシャーなど、イングランド中部から北部にかけての地域の主要産業となっていた。これらの地域の紡績業、織物業、生地製造業は世界的に有名だった。しかし、一連の発明により、繊維産業は徐々に機械

化が進んでいった。ジェームズ・ハーグリーブスが発明した「ジェニー紡績機」(1764年)、リチャード・アークライトの「水力紡績機」(1769年)、サミュエル・クロンプトンの「ミュール紡績機」(1779年)、エドモンド・カートライトの「力織機」(1785年)、エリー・ホイットニーの「綿繰り機」(1793年) などである。新しく発明された機械が各地の繊維工場で少しずつ導入され、新しい工場では熟練労働者がいなくても安価な製品を製造できるようになった。そのため、多くの職人たちが失業したり、賃金を減額されたりした。

¶2　ついに、一部の職人たちは新しい技術に対する抵抗運動を始めた。1811年3月、ノッティンガムで機械を破壊する暴動が起き、それがイングランド北部およびミッドランド地方の他の都市にも飛び火していった。暴徒たちは「ラッダイト」と呼ばれた。彼らは郊外の森に集まり、夜になると町に繰り出して新しい機械を導入した蒸気動力の工場を襲撃した。暴徒たちは先頭に赤い旗と彼らのリーダーであるネッド・ラッド(または「キング・ラッド」「ラッド将軍」とも呼ばれた) のわら人形を掲げていた。そのあとにマスケット銃(ライフルの前身)で武装した集団が続き、次につるはしを持った男たちの大集団が続いた。工場主が抵抗しないようにマスケット銃を持った集団が見張り、その間にその他の人々が紡績機械を破壊したのである。

¶3　今日、ラッダイトたちは希望を失い、産業の発展を阻止しようとした破壊主義者の集団だと見られることが多い。しかし、それは、職業倫理に突き動かされたこの複雑な運動に対する公平な見方とは言えない。

¶4　歴史的な背景を考えてみよう。19世紀初頭、全人口の半分以上が田園地帯に居住し、ほとんどの品物は地元で生産されていた。初期の製造業の動力は水車であった。工場は小規模で、仕事のやり方ものんびりとしたものだった。労働者と親方は小さな共同体の中で顔の見える関係にあった。それは、当然、工場主による労働者の過剰搾取をむずかしくするシステムであった。また、織工たちは職人としての誇りを持っていた。彼らは、織工の専門技術と地位が失われてしまうため、そして機械製品の粗悪さに対して純粋に懸念を感じていた

ため、蒸気動力の織機が導入されるのを非常に恐れていた。1789年以降、「反機械法」を制定しようという動きがあったが、すべて議会で否決された。

¶5　「ネッド・ラッドから組合に通告する。組合がメリヤス商人と価格の引き下げについて話し合いの場を設ける手段を講じなければ、ネッドは数日以内に２万人を招集し、軍隊が出動したとしても町を破壊する。
——ラッダイト宣言、ノッティンガムにて　1811年12月16日

¶6　1800年代は自動化を進めるにしては最悪の時期であった。イギリスはフランスとの戦争中で、ナポレオンはヨーロッパの国々とイギリスとのすべての取り引きを禁じた。その結果、イギリス経済は打撃を受け、賃金は半減、物価は倍増した。この頃制定された大陸封鎖令によって、人々は共有地を耕作することができなくなった。これまでは共有地を利用することによって、貧困や飢餓から守られてきた。しかし、それがなくなってしまったのだ。さらに悪いことに、1809年から1812年にかけては農作物がたいへんな不作であった。その結果、農民たちは都市に移住するようになり、労働力の過剰供給を生んだ。これに乗じて、親方たちは賃金減額を行ったのだ。非人間的なパターナリズム（父権的干渉主義）が横行した。労働者たちの賃金は現金ではなく、親方の店の商品としか引き換えられないクーポン券で支払われることも多く、親方の店では商品の価格がだいぶ吊り上がっていたのである。

¶7　新技術は、多くの職人たちにとって社会的崩壊と耐えがたい困難の要因でもあり象徴でもあった。1812年になると破壊運動はエスカレートし、ラッダイトたちはさらに大胆になっていった。時には、真っ昼間から工場に侵入することもあった。２月になって議会は、機械破壊行為に対して死刑を科すことを可能にする「構造物破壊法」を通過させた。この法律によってすぐにラッダイトたちが破壊行為をやめたわけではないが、多くのラッダイトが絞首刑やオーストラリアへの国外追放に処せられた。この騒乱が20年前に起きたフランス革

命のように本格的な革命にエスカレートしていくのを恐れ、議会はついに暴動を鎮圧するためにマイトランド将軍率いる35000人の軍隊を派遣した。1813年までに暴動はかなり沈静化し、その後小規模の暴動は起きたものの、1817年までには破壊運動はすべて終結した。

¶8　有名な詩人のバイロン卿は、「構造物破壊法」に対して否定的な意見を述べている。彼は議会が機械化への移行を緩やかにする措置を取れなかったことを批判した。現代から見れば、ラッダイトたちは、消費者主導型の技術革新の流れに抵抗したものの、最後にはその流れに飲み込まれてしまう運命の初期の急進派だったと考えることができる。

¶9　ところでネッド・ラッドとは誰だったのか？

¶10　しばらく前から、ネッド・ラッドという名前の愚かな若者の話が民間伝承として伝わっていた。彼はいきなり子どもっぽい怒り方をして、店に入り2台の織り機を壊した、というのだ。破壊運動が起き、何人がこの伝説の若者の名前を使ったが、ネッド・ラッドという名前の人物が群集の中に実際にいたわけではなかった。ネッド・ラッドの伝説すらでっち上げだった可能性もある。彼は抵抗運動のシンボルだったのである。それでもラッダイトの行進に彼をかたどったわら人形が掲げられていたという事実から、異教の神を信じていた時代とのつながりを暗示させる。キリスト教以前の宗教では、似たようなわらの人形を豊饒を祈る儀式の際に使用したからだ。おそらくネッド・ラッドは職人魂の象徴であっただけでなく、自然との結びつきや産業革命が突きつける社会のあり方よりも友好的な共同体の象徴でもあったのであろう。

【パラグラフの展開】

¶1　一連の発明により繊維産業で機械化が進む

　↓そのため

¶2　一部の職人（ラッダイト）が武力による抵抗運動を開始

　↓しかし

¶3　ラッダイトを破壊主義者と見るのは不公平

　↓なぜなら

¶4　歴史的背景：職人としての技術、地位喪失への危機感から「反機械法」制定をめざすも失敗

　↓そこで

¶5　（資料の引用）ラッダイト宣言

　↓たしかに

¶6　新技術導入には最悪の時期（フランスとの戦争、大陸封鎖令、農作物の不作、過剰な労働力）

　↓結局

¶7　1812年、破壊運動がエスカレート→「構造物破壊法」制定→1817年、終結

　↓かえりみて

¶8　バイロン卿は「構造物破壊法」を批判

　↓ところで

¶9　（問題提起）ラッダイトの元になっているネッド・ラッドとは誰？

　↓答えは

¶10　ネッド・ラッドは架空の人物で、アンチ産業革命の象徴

Episode 13
アラモ砦の戦い

当時、テキサスはメキシコの領土でしたが、アメリカからの移住者が住民の大多数を占め、アメリカの一部と言ってもよいほどでした。彼らの愛国精神と自己犠牲の精神が支えたこの戦いは「アメリカの魂」を象徴していると言われています。それは、どんな戦いだったのでしょうか。

The Defence of the Alamo

Texas was part of Mexico until 1836. White colonists fighting for independence took the city of San Antonio in December 1835, but left far too few men behind to defend the city when they moved on. The heroic defense of the Alamo fortress in San Antonio against the Mexican army has become an American legend.

¶1　The heroic deaths of legendary figures Davy Crockett, William Travis and Jim Bowie during the defense of the fortified church compound[1] in San Antonio called 'the Alamo' constitute a cornerstone[2] of American mythology[3], and the subject of many Hollywood films. The mythological aspect is particularly strong because none of the defenders survived to tell the tale. But it is certain that around 180 men who believed in an Independent Texas defended the Alamo for thirteen days in February-March 1836 against a much larger force of Mexicans.

¶2　Mexico had won its independence from Spain in 1824 and at that time its territory included Texas. Originally the government encouraged immigration from the fledgling[4] United States, offering affordable land and freedom from import duties. They soon regretted this policy, for by the late 1820s the Texas population consisted of 75 percent Anglo immigrants—mostly rugged people of Irish and Scottish descent with a strong belief in their 'manifest destiny[5]' to 'overspread the continent,' in the famous words of the lawyer John O'Sullivan.

¶3　In 1830 an increasingly concerned Mexican government passed laws forbidding further immigration and re-imposing import duties—which naturally increased the belligerence[6] of the Texans. War was averted[7] for two years by a new president, General Santa Anna, who removed the duties. However, the momentum[8] towards conflict was now unstoppable. In 1833 the Texans petitioned[9] for independence through their representative, Stephen Austin, who was promptly imprisoned. General Santa Anna then re-imposed import duties and arrested independence activists. War was finally triggered when a Mexican regiment attempted to retrieve a cannon they had loaned to the colonists at Gonzales—the colonists refused to give it back and the Mexican regiment withdrew after a short battle.

¶4　The colonists enjoyed a series of victories in late 1835, culminating in the taking of San Antonio in December. However, they foolishly left only a small force to defend the Alamo, consisting mostly of irregular soldiers led by James Bowie and 30 members of the Texan Army under Colonel William Travis, including nine local Mexicans. The irregulars insisted that Bowie be made a colonel and share the command[10]. They were joined in early February 1836 by David Crocket, a former congressman, with his 'Tennessee Volunteers'—all in all a rather motley[11] army of around 150 men. General Santa Anna thought it important to re-take San Antonio and arrived there with his troops on February 23rd. A thirteen-day siege[12] commenced.

¶5　According to one source the Mexicans offered the defenders the chance to surrender unharmed, but Travis rejected this. He drew a line in the sand with his saber[13] offering his men the chance to jump over it and die for independence, or stay on the other side and live. All but one jumped over the line. As the Mexican bombardment[14] began there was great panic in the ranks—the outer walls were not strong and shattered easily. Bowie came down with severe pneumonia[15] on the second day and took no further part in the fighting. On March 1st a scout succeeded in slipping through the Mexican lines and reaching the Texan army at Goliad to request reinforcements. These were refused, but a small group of 32 volunteers did arrive from Gonzales and got safely into the fort. Unknown to the defenders, the Texan Provisional Government officially declared independence the next day—so they were fighting for a republic they didn't know existed. Travis sent out one more desperate plea[16] for assistance on March 3rd but again, no help came.

¶6　The final assault[17] began on March 6th. The Mexicans easily overwhelmed the weak outer walls, but encountered stiff resistance from the defenders in the stone inner buildings and chapel. Colonel Travis was killed by a single bullet to the forehead. The final battle took place in the chapel, with the defenders firing down from the roof at the invaders. But in less than an hour the Mexicans had killed the entire garrison[18], albeit[19] with heavy losses of their own. General Santa Anna decided to spare a few women and Travis' African-American slave Joe, thinking that their account of the battle would spread fear amongst the Texans. This was a mistake. The Texan rebels now had a crop of martyrs[20] and a legend to inspire them. In April, just one month later, the Texan army captured General Santa Anna and forced him to sign their declaration of independence.

(780 words)

---

1. compound　囲いをめぐらした敷地内、構内　2. cornerstone　礎石、(比喩的に)基礎　3. mythology　神話(集)、俗信(一つ一つの神話がmyth)　4. fledgling　(ひなを)羽毛が生えそろうまで育てる　5. manifest destiny　自明の運命(説)、(一般に)領土拡張論(19世紀中頃〜後半にかけて言われた、アメリカ合衆国は北米全土を支配開発すべき運命をになっているという理論)　6. belligerence　好戦性、闘争性　7. avert　背ける、そらす、(危険を)回避する　8. momentum　運動量、勢い、はずみ　9. petition　請願、嘆願、申し立て　10. command　指揮権　11. motley　寄せ集め、種々雑多の　12. siege　包囲攻撃、執拗な努力[説得]、長く苦しい期間　13. saber　サーベル、軍刀　14. bombardment　爆撃、殺到　15. pneumonia　肺炎(p-は黙字)　16. plea　申し立て、抗弁　17. assault　猛攻撃、襲撃　18. garrison　駐屯地、守備隊　19. albeit　〜にもかかわらず　20. martyr　殉教者、犠牲者

【パラグラフの展開をつかもう】

※空欄部分を補ってください。

¶1 アラモ砦の戦いはアメリカの英雄神話の1つ

↓まず

¶2 テキサスは [　　　] だったが、メキシコ政府は [　　　] を奨励

↓次に

¶3 メキシコ政府が [　　　　]、[　　　　　　] →戦争に発展

↓そして

¶4 入植者側が勝利し、[　　　　　　　]

↓さらには

¶5 劣勢のテキサス軍トラビス大佐は戦いを続行

↓結局

¶6 アラモ砦の兵士は全滅するも [　　　　　] し、[　　　　　]

大島のウンチク

　文章全体に、キリスト教の影がさしかかっていることにお気づきだろうか？
　たとえば、リード文のan American legendという表現。legendを「伝説」と訳すと何の変哲もないが、実はこれ、「読まれるべきもの」という意味のラテン語legendaに由来し、聖者伝説のことをさす。有名なのはヴォラギネという人のLegenda Aurea『黄金伝説』という逸話集成で、邦訳もある（平凡社ライブラリー）。
　第2段落に出てくるManifest Destiny「明白な運命」もまた、合衆国拡大を正当

化するためのイデオロギー装置として、拡大拡張を神から与えられた使命と捉えている。これはまた、その後の「世界の指導国」としての米国という現状にまでつらなる考え方になっている。いやはや。

　アラモ砦の守備側が最後に立てこもったのは礼拝堂。これもまたキリスト教そのもの。したがって、彼らは一種の殉教者として扱われる。本文末尾近くのmartyrである。この単語が英語らしからぬ綴りをしているのは、古代ギリシア語をほぼそのまま転用したから。

　などなどと考えた後で調べてみると、アラモという場所は、フランシスコ会（という修道会）の伝道所だったのですね。この修道会、キリシタンの時代にも布教のため、日本に人材派遣しています（ただし、フランシスコ・ザビエルはイエズス会の所属。ああ、ややこしい）。

　信じる話のついでに、もう1つ。今度は英語の話。第2段落に出てくるbelieve in ～という表現を辞書で調べると「①～の存在を信じる、②～の価値を信じる、③～を信頼する」と書いてある。残念ながら「根っこの意味」が書いてない。それは「自分の価値観に関わるような信じ方をする」ということ。そのつもりで、辞書の例文を読んでみよう。

【全訳】
アラモ砦の戦い

1836年までテキサスはメキシコの一部であった。1835年12月、メキシコからの独立を目指して戦っていた白人入植者がサンアントニオの町を占領したが、部隊が移動する際、残していった兵士の数はこの町を守りきるためには少なすぎた。しかしサンアントニオのアラモの砦をメキシコ軍から守り抜いた勇敢な戦いはアメリカの伝説となった。

¶1　サンアントニオにある「アラモ」という名の要塞兼教会施設を防衛する戦いの中で勇敢に死んでいった伝説の人物、デイビー・クロケット、ウィリアム・トラビス、ジム・ボウイーらの話はアメリカの英雄神話の中核的物語であり、ハリウッド映画で何度も取り上げられた題材である。神話的な側面がより強いのは、話の聞けるテキサス側の生存者が1人もいないからである。しかし確実なのはテキサスの独立を信じていた180名の男たちが1836年2〜3月にかけての13日間、はるかに規模の大きいメキシコ軍との戦いで、アラモを守るために戦ったということである。

¶2　メキシコは1824年、スペインからの独立を勝ち取ったが、テキサスは当時のメキシコの領土であった。もともと政府は、手頃な土地の提供と輸入税の免除を謳い文句に、成立したばかりのアメリカ合衆国からの移住を奨励していた。政府はすぐにこの政策を後悔した。というのも、1820年代末までにテキサスではアングロサクソン系移民が人口の75パーセントを占めるようになっていたからである。そのほとんどが粗野なアイルランドやスコットランド出身で、弁護士ジョン・オサリバンの有名な言葉「マニフィスト・デスティニー（明白な運命）」、すなわち「（自分たちは）北アメリカ大陸全土に拡大すべき」という強い信念を持っていたのだ。

¶3　1830年、強い懸念を感じたメキシコ政府は、それ以上の移民を禁じ、輸入税を再度課す法律を制定した——これは当然、テキサス人の敵愾心をあおった。新しく大統領になったサンタ・アナ将軍が輸入税を廃止したので、2年間は戦争が回避されたものの、戦争に向けての勢いはすでに止められないものとなっていた。1833年、テキサス人はスティーブン・オースティンを代表として送り、独立の請願を行ったが、オースティンはすぐに投獄されてしまった。サンタ・アナ将軍は再度、輸入税を課し、独立を目指す活動家たちを逮捕した。メキシコ軍の一連隊がゴンザレスの入植者たちに貸していた大砲を取り戻そうとしたため、とうとう戦争の火蓋が切って落とされた。入植者たちは大砲の返還を拒否し、短い戦闘ののち、メキシコ軍は退却した。

Episode 13／アラモ砦の戦い

¶4　1835年後半には、入植者側はいくつもの勝利を積み重ね、ついに12月、サンアントニオを占拠した。しかし愚かなことに、アラモを守るために残されたのは、ジェームズ・ボウイー率いる非正規軍の兵士たちと、ウィリアム・トラビス大佐率いるテキサス軍30名（地元在住のメキシコ人9名も含む）というごく少ない兵力のみであった。非正規軍の兵士たちは、ボウイーにも大佐の肩書きを与え、トラビスと一緒に指揮をすべきだと主張した。1836年2月初めには、元議員のデイビッド（デイビー）・クロケットが彼の「テネシー義勇軍」を連れて応援に駆けつけた。この約150名の義勇軍は、どちらかというと雑多な人々の寄せ集めであった。サンタ・アナ将軍はサンアントニオを奪回することが重要だと考え、2月23日、軍隊とともにサンアントニオに到着した。13日間に及ぶ攻囲の始まりである。

¶5　ある記録によれば、メキシコ軍はテキサス軍に武器を捨てて降伏する機会を与えたが、トラビス大佐がこれを拒否したという。彼は砂の上に剣で1本の線を引き、独立のために命をかけるならその線を飛び越え、命が惜しい場合は線の向こう側に残るという選択肢を部下に与えたという。1人を除き、全員が線を飛び越えた。メキシコ軍の攻撃が始まり、部下たちはパニックに陥った。外壁があまり頑丈ではなく、簡単に破壊されてしまったのだ。ボウイーは2日目に重い肺炎で倒れ、それ以上、戦いで活躍することはなかった。3月1日、偵察兵がメキシコ軍の包囲をすりぬけることに成功し、ゴーリアッドに駐留していたテキサス軍に応援を頼みに行った。この依頼は拒否されたが、32名の志願兵がゴンザレスから駆けつけ、無事、要塞の中にもぐりこんだ。アラモの砦を守っているテキサス軍は知らなかったが、翌日、テキサス地方政府は正式に独立を宣言した。つまり、テキサス軍兵士たちは、存在していることを知るよしもない共和国のために戦っていたのだ。3月3日、トラビス大佐は再度、切実な援軍要請の使者を派遣したが、とうとう援軍は来なかった。

¶6　3月6日、最後の襲撃が始まった。メキシコ軍は弱い外壁を簡単に破壊したが、内側の石の建物や礼拝堂にこもったテキサス軍兵士たちからは強硬な

抵抗を受けた。トラビス大佐は額に1発の弾丸を受けて死亡した。最後の戦いは礼拝堂で行われた。テキサス軍は礼拝堂の屋根から侵入してきたメキシコ軍に向かって砲火を浴びせた。メキシコ軍自体も多くの兵を失ったが、1時間もしないうちに要塞にいたテキサス軍兵士を全員殺害した。サンタ・アナ将軍は女性数名とトラビス大佐の奴隷だったジョーという名のアフリカ系アメリカ人は助命することにした。彼らがこの戦いの話を広めてくれれば、テキサス人を恐れさせることができると考えたのだ。しかし、それは期待はずれだった。テキサス反乱軍にとって、（アラモで戦った人々は）殉教者であり、（アラモの決戦は）彼らを鼓舞する伝説になったのである。その年の4月、アラモの決戦からわずか1ヵ月後、テキサス軍はサンタ・アナ将軍を捕まえ、テキサス独立宣言に署名させた。

【パラグラフの展開】

¶1　アラモ砦の戦いはアメリカの英雄神話の1つ

　↓まず

¶2　テキサスはメキシコ領だったが、メキシコ政府は合衆国からの移住を奨励

　↓次に

¶3　メキシコ政府が移民を禁じ、輸入税を課す→戦争に発展

　↓そして

¶4　入植者側が勝利し、拠点のサンアントニオの攻防に

　↓さらには

¶5　劣勢のテキサス軍トラビス大佐は戦いを続行

　↓結局

¶6　アラモ砦の兵士は全滅するも他のテキサス軍を鼓舞し、独立を勝ちとる

Episode 14
切り裂きジャック
―― ヴィクトリア朝のホラーストーリー

世紀末のロンドンで起きた連続猟奇殺人事件。犯人は通称で「切り裂きジャック」と呼ばれましたが、「ジャック」は英語圏で名前がわからない男性を呼ぶときに使う名前です。その他の人名も数多く登場しますが、被害者と容疑者を区別しながら読んでいきましょう。

'Jack the Ripper[1]'
――A Victorian[2] Horror Story

The streets of Victorian London were dark and dangerous, especially when the famous 'pea-souper' fog[3] descended on the city. This was the territory of one of history's most famous criminals—the brutal murderer called Jack the Ripper.

¶1　On the night of Friday 31st August 1888, a prostitute named Mary Nichols staggered out of the 'Frying Pan' pub in Whitechapel, London, looking for customers in the narrow side-streets. A mother of five, she had been abandoned by her husband and forced into prostitution. But instead of finding employment, she met with sudden death from the knife of a psychopathic killer: her throat was cut, her womb mutilated[4] and some internal organs were surgically removed from her corpse.

¶2　At the time it was thought that this horror was a sequel to two previous 'Whitechapel murders.' But actually Mary was the first victim of the serial killer who later announced himself as 'Jack the Ripper.' Thinking that the Whitechapel police were already stretched[5] with the previous murders, Scotland Yard[6] dispatched three more Detective Inspectors[7] with teams of officers to investigate the murders. But as if to show his contempt[8] for the police, the killer struck again within a few days.

¶3　Saturday September 8th saw a dense fog descend on London. Late that night Annie Chapman was walking the streets around Spitalfields in the East End of London. She was malnourished and suffering from brain and lung illnesses. Her husband had died two years before and she had turned to 'the oldest profession' (prostitution) to support her daughter and crippled son. She was murdered and cut to pieces at dawn not far from the famous cattle market Spitalfields Cattle Market—a center for butchers.

¶4　The killer's disturbing habit of surgically slicing up his victims made the police speculate that a doctor might be the culprit[9]. The medical profession was outraged. Changing direction, the Police arrested John Pilzer, a shoemaker, previously convicted of stabbing[10] offences[11] and known to despise prostitutes. Then they received the first taunting[12] letter from the real killer. 'That joke about Leather Apron (Pilzer) gave me real fits[13]…I am down on whores[14] and I shant[15] quit ripping them till I do get buckled…' The letter was signed 'Jack the Ripper'. Pilzer was later released and won libel[16] damages[17].

¶5　Three weeks later, on Saturday September 30th, Elizabeth Stride, known as 'Long Liz' to her clients, met with sudden death in Berner Street. It is likely that the killer was disturbed before he could perform his usual 'autopsy'[18]. She merely had her throat slit from ear to ear. Perhaps frustrated in his surgical lusts[19], the murderer struck again within half an hour in Mitre Square, Aldgate. The victim was Catherine Eddowes, another prostitute. This time the corpse received the full treatment—the uterus[20] and kidneys were removed. Near a blood-stained remnant of Catherine's apron a cryptic message was found scrawled on a wall—'*The Jewes are the men that will not be blamed for nothing*'.

¶6   Another taunting letter was received by the Police from 'Saucy Jack' (one of his nicknames—'saucy' meaning 'cheeky' or 'mischievous'), referring to the double murders. Two weeks later the chairman of the Whitechapel Vigilance Committee[21] received part of a human kidney through the post with a letter in which the writer claimed to have eaten the other half. However, the handwriting did not match that of previous letters from the Ripper.

¶7   The police were now under immense pressure to find the Ripper. In desperation they arrested a Polish Jew called Aaron Kosminski, known to have a violent hatred of women. They failed to prove any case—but kept Kosminski in mental hospitals for the rest of his life anyway.

¶8   The final Ripper murder took place on Friday November 9th. Mary Kelley was a young widow, supporting herself through prostitution. Unlike the others she met her end indoors, having been lured into 13 Miller's Court, Spitalfields. The carving-up of her body was the most hideous[22] of all, and it may be that this last act of blood-lust finally satisfied the Ripper, for he never killed again. He had killed at least five women, and some researchers suspect he may have been responsible for a dozen other murders.

¶9　It has been shown in recent years that Mary Kelley was nursemaid[23] to Prince Edward (a known womanizer) and his wife. One theory suggests that the Ripper murders were carried out by the Royal Physician, William Gull, to remove the evidence of royal sexual adventures. Another upper-class suspect, John Druitt, drowned himself in the Thames on New Years' Eve after the last murder. He was suspected of being the Ripper by his own family and described as 'sexually insane' by one of the detectives. Another suspect was Francis Tumblety, a discredited[24] doctor who fled the country at this time. To this day the arguments continue as to the Ripper's real identity.

¶10　All the victims of the Ripper had already been victims of society. Many of the suspects also became victims of the hysteria[25] surrounding the murders. The combination of psychopathic sexuality and surgical precision involved in these murders sends a shiver of fear from the Victorian age to our own, as disturbing now as it was in that autumn of 1888 when Saucy Jack stalked the misty streets of London's East End.

(900 words)

---

1. Ripper＞rip（切り裂く）　2. Victorian　ヴィクトリア朝の（1837～1901年。ヴィクトリア1世が当地した大英帝国の絶頂期。しかしロンドンのイーストエンド地区は貧困層が多く、犯罪も多発していた）
3. pea-souper fog　えんどう豆スープのような霧（霧はロンドン名物だが、本当は霧ではなく、工場と民家から出る煤煙。にごった黄色で、別名pea soup（えんどう豆のスープ）と呼ばれた。これはas thick as pea soup「えんどう豆のスープのように濃い」という慣用表現から）　4. mutilate　～に損傷を加える、（手足を）切断する、切り刻む　5. be stretched　過剰な仕事を与えられている　6. Scotland Yard　スコットランド・ヤード、ロンドン警視庁　7. Detective Inspector　警部補（アメリカのlieutenantに当たる。警察の階級制度は国によって異なるので訳語は目安）　8. contempt　あざけり、侮蔑　9. culprit　犯人、被告人
10. stabbing　刺傷　11. offense　違反、犯罪　12. taunt　あざける、愚弄する　13. give ～ fits　～を怒

らせる、オタオタさせる（口語） 14. whore=prostitute 15. shant = shan't（＝shall not） 16. libel 文書誹毀、中傷（文）、侮辱 17. damages （複数形で）損害賠償金 18. autopsy 検死解剖 19. lust 強い欲望、色欲 20. uterus 子宮（＝womb。uterusは解剖学的な用語で複数形はuteri） 21. vigilance committee 自警団 22. hideous 恐ろしい、おぞましい 23. nursemaid 子守女、世話係 24. discredited 疑わしい、疑惑の 25. hysteria ヒステリー、興奮状態

【パラグラフの展開をつかもう】

※空欄部分を補ってください。

¶1　1888年8月31日にロンドンで売春婦が惨殺される。
　↓それは
¶2　[　　　　　　　　　　　　　]の始まりだった
　↓さらに
¶3　[　　　　　　　　　　　　　　　　　　　　　]
　↓そして
¶4　警察は[　　　　　　　　　　　　　　　　　　]
　↓さらに
¶5　[　　　　　　　　　　　　　　　　　　　　　]
　↓そして
¶6　2通めの声明文　しかし、[　　　　　　　　　　]
　↓さらに
¶7　焦った警察はコミンスキーを逮捕
　↓そして
¶8　[　　　　　　　　　　　　　　　　　　　　　]
　↓しかし

¶9　切り裂きジャックの正体は［　　　　　　　　　　］

↓結局

¶10　切り裂きジャックの犠牲者は［　　　　　　　　　］でもあった

大島のウンチク

　Victorianという形容詞を『リーダーズ英和辞典』で調べると＜ヴィクトリア女王（時代）の、ヴィクトリア朝（風）の；（人・考えが）旧式な、融通がきかない、偽善的な、とりすました、上品ぶった、謹厳そうな（後略）＞とある。なにやら、雰囲気があまりよくない。この単語、もちろん、当時のヴィクトリア女王の名前に由来する。大英帝国が絶頂期にあった時代である。女王の名前が、日本語でなら「勝子」や「勝代」に相当するのも何か象徴的な話だ。植民地を地球の全域に抱え、強い軍隊を持ち、経済的にも反映をきわめた。それだけでなく、ダーウィンの進化論を典型とする科学への希望的信頼の時代でもあった。

　しかしまた、光、強ければ、影もまた色濃いものとなる。

　ヴィクトリア女王も愛読したディケンズの描く世界、都市の下層階級の悲惨な生活様式は、この時代の影の世界の典型例と考えることができる。さらにまた、この時代は、シャーロック・ホームズが活躍する場面にもなっている。国家レベルの政治経済では、明るく、怖いものなしのはずなのに、具体的な生活ともなると、不潔で暗い時代だったのである。映画『エレファントマン』の舞台設定もまた、この時代のロンドンであったが、映画の画面の暗さは、主題と重なっているだけでなく、当時の状況を忠実に反映しているのである。

　切り裂きジャックが登場したのは、そんな時代だった。

　謎は想像力をかきたてる（徳川埋蔵金も、エヴァンゲリオンも、村上春樹も、そうですね・・・）。切り裂きジャックについては、博学の評論家コリン・ウィルソンも、人気作家パトリシア・コーンウェルも、調査・研究・執筆をしている。日本語訳もある。

登場人物を借用した『シャーロック・ホームズ対切り裂きジャック』なんていう文庫本まであるんだなあ。

　シャーロック・ホームズの相方のワトソン博士は、中央アジアで戦傷を負ってロンドンに帰ってからホームズと出会うのだった。当時から、あのあたりが重要だった。それだけではない。科学技術の飛躍的前進と、大国と金持ちの繁栄と、厳しい下層社会と、猟奇的殺人って、今は第二のヴィクトリア朝なのかな？

【全訳】
切り裂きジャック
—— ヴィクトリア朝のホラーストーリー

ヴィクトリア朝時代のロンドンの通りは暗く、危険に満ちていた。ロンドン名物の「えんどう豆のスープ」と呼ばれる濃霧が降りたときはとくにそうだ。ここは、史上最も有名な犯罪者の1人、「切り裂きジャック」と呼ばれた残忍な殺人犯の縄張りであった。

¶1　1888年8月31日、金曜日の夜のことであった。メアリー・ニコルズという売春婦がロンドンのホワイトチャペル通りにあるパブ「フライパン」からふらつきながら出てきた。細い路地に出て客を探そうと思ったのだ。彼女は5人の子持ちで夫から捨てられ、しかたなく売春をしていた。しかし、彼女が出会ったのは客ではなく、精神病質の殺人者が持っていたナイフによる突然の死であった。彼女はのどをかき切られ、子宮は切り刻まれ、内臓の一部が外科手術のように遺体から取り出されていた。

¶2　当初、この恐ろしい事件は、それ以前に起きた2つの「ホワイトチャペル殺人事件」から続く連続殺人事件だと考えられた。しかし、メアリーは後に「切り裂きジャック」と名乗りをあげた連続殺人犯の最初の犠牲者だったのである。スコットランドヤードは、ホワイトチャペル警察がすでに前の2つの殺人事件で手一杯だと考え、これらの殺人事件の捜査に3人の警部補と警官チームを派遣した。しかし、数日後、警察を侮辱するかのように犯人はまた犯行に及んだ

のである。

¶3　9月8日土曜日。ロンドンは深い霧が降りていた。その夜遅く、アニー・チャップマンはロンドン・イーストエンドのスピタルフィールズあたりを歩いていた。彼女は栄養失調で脳と肺の病気を抱えていた。2年前に夫を亡くした彼女は、娘と足の不自由な息子を育てるために「世界最古の職業」（売春）に身を投じたのである。彼女はその日の未明、殺害され、遺体はバラバラにされた。現場は有名なスピタルフィールズ畜牛市場、つまり肉屋の集まる中心地からさほど遠くないところであった。

¶4　殺人犯には犠牲者を外科手術のように切り刻むという恐ろしい習癖があり、そこから警察は犯人が医者なのではないかと推理した。これに対し、医療関係者は猛反発した。すると警察は捜査の方向を変え、靴屋のジョン・ピルツァーを逮捕した。彼には刺傷事件で前科があり、売春婦を憎んでいることがわかっていた。すると、警察は、真犯人から警察を愚弄する最初の犯行声明を受け取った。「あの皮エプロン（ピルツァーのこと）の件はしゃれたまねをしてくれたな。本当に頭に来た。俺の狙いは売春婦だ。つかまるまで切り裂くのはやめないぜ」。そこには「切り裂きジャック」という署名があった。ピルツァーは後に釈放され、名誉毀損の賠償金を勝ち取った。

¶5　3週間後の9月30日土曜日。客たちの間では「ロング・リズ」という名で知られていたエリザベス・ストライドもバーナー通りで突然の死を迎えた。今回は犯人がいつもの「検死解剖」を実行する前に何らかの邪魔が入ったらしく、彼女はのどを両耳まで切り裂かれていただけだった。おそらくいつもの「検死解剖」ができずに欲求不満だったのだろう、30分もしないうちにオルドゲートのマイター・スクウェアでもう一人刺し殺した。犠牲者はキャサリン・エドウズ、またもや売春婦であった。今回の遺体には「完全な処置」が施されていた。子宮と腎臓が取り出されていたのである。血まみれになったキャサリンのエプロンの破片が落ちていた場所のそばの壁には暗号のようなメッセージが殴り書きされているのが発見された。「ユダヤ人には何の罪もない」。

¶6　警察は「ソーシー・ジャック」（切り裂きジャックの別の呼び名。saucyとは「生意気な」または「いたずら好きな」という意味）から2通めの嘲笑的な声明文を受け取った。その声明文は2件の殺人に言及していた。2週間後、ホワイトチャペル自警団団長は郵便で人間の腎臓の一部を受け取った。添えられていた手紙には、その差出人が残りの半分を食べたと書かれていた。しかし、以前届いた切り裂きジャックの手紙とは筆跡が一致しなかった。

¶7　切り裂きジャックを発見しなければという警察のプレッシャーはかなりのものだった。焦った警察はポーランド系ユダヤ人のアーロン・コミンスキーを逮捕した。彼は、女性を激しく憎悪していることがわかっていた。警察はどの事件も立証できなかったが、いずれにせよコミンスキーを精神病院に終身収容した。

¶8　切り裂きジャックの最後の殺人は11月9日金曜日に起きた。メアリー・ケリーは若い未亡人で、売春で生計を立てていた。ほかの被害者と異なり、彼女が最期を迎えたのは屋内であった。スピタルフィールズにあるミラーズ・コート13号室に誘い込まれたのである。彼女の切り刻まれ方は被害者の中でいちばん陰惨だった。この最後の残忍行為でようやく満足したのか、彼は二度と殺人は犯さなかった。彼は少なくとも5人の女性を殺害し、一部の研究者はさらに12人の殺人事件も彼のしわざだと考えている。

¶9　近年の調査で、メアリー・ケリーは皇太子エドワード（女たらしとして有名）および彼の妻の世話係だったということが判明している。ある説によれば、切り裂きジャックによる殺人は王室医ウィリアム・ガルが王族の性的冒険の証人を抹消するために行ったものだという。上流階級出身のもう1人の容疑者がジョン・ドゥルーイットである。彼は最後の殺人が起きたあと、大晦日の夜にテムズ川に身を投げた。彼は、自分の家族から切り裂きジャックではないかと疑われており、警官の1人は彼を「性的精神異常者」と表現した。もう1人の容疑者は偽医者のフランシス・タンブルティで、当時国外へ逃亡していた。切り裂きジャックの正体を巡る議論は今日まで続いている。

¶10 切り裂きジャックの犠牲者は、それ以前に社会の犠牲者であった。そして容疑者の多くも一連の殺人事件を巡るヒステリックな騒動の犠牲者となった。これらの殺人事件に見られる病的な性志向と外科的な精密さは、ヴィクトリア朝時代から現代へと時代が変わっても身震いするような恐怖が伝わってくるほどだ。そのおぞましさは、霧に煙るロンドン・イーストエンドの通りを切り裂きジャックが忍び歩いていた1888年の秋も現代も少しも変わらない。

【パラグラフの展開】

¶1　1888年8月31日にロンドンで売春婦が惨殺される

　↓それは

¶2　「切り裂きジャック」の犯行の始まりだった

　↓さらに

¶3　9月8日に2人めの犠牲者

　↓そして

¶4　警察はピルツァーを誤認逮捕、1通めの犯行声明を受け取る

　↓さらに

¶5　9月30日に4人め、5人めの犠牲者

　↓そして

¶6　2通めの声明文、しかし、以前届いたものと筆跡が一致せず

　↓さらに

¶7　焦った警察はコミンスキーを逮捕

　↓そして

¶8　11月9日に切り裂きジャック最後の殺人

　↓しかし

¶9　切り裂きジャックの正体はいまだにわからず

　↓結局

¶10　切り裂きジャックの犠牲者は社会の犠牲者でもあった

Episode 15
ライト兄弟 ── 空のパイオニアたち

高校レベルの世界史の教科書では、ライト兄弟の偉業も「人類初の動力飛行に成功」といった記述にとどまっているのではないでしょうか。その成功を支えた熱い思いと地道な努力、そして成功後に味わった苦労について、読み取っていきましょう。

Wilbur and Orville Wright
──Pioneers of the Skies

The symbolic dawn of the 20th century was the first successful powered flight with a human being on board, achieved by the Wright brothers in 1905. As it turned out, the Wrights had a much harder struggle as businessmen than as inventors.

¶1　Towards the end of the nineteenth century the United States was settling down—the Civil War had established the Union and the last resistance from Native Americans had been brutally crushed at the Massacre of Wounded Knee (1890). The 'Wild West' was no longer wild—so now Americans started looking for new frontiers to conquer. Some contemplated[1] the skies. The Government considered the idea of a flying machine absurd, so it was left to entrepreneurs and amateurs to make the first forays into[2] the air. Their early efforts coincided with the invention of moving pictures, which captured for posterity[3] the ignominious[4] failure of early attempts at manned flight—strange, flapping contraptions[5] crashing to earth. However, in 1896 Dr. Samuel Langley flew an unmanned steam-powered craft half a mile across the Potomac River, capturing the imagination of the public and intensifying the race to achieve the first manned, powered aircraft.

¶2 The Wright brothers, Wilbur (born 1867) and Orville (born 1871), were first captivated by flying machines when their father, a bishop in Dayton, Ohio, came home from a business trip with a toy 'helicopter.' The boys started to make their own versions of the toy, and the obsession was born. On leaving school the brothers went into the printing business, attempting at one point to launch a daily newspaper. This failed, but in 1894 they successfully started selling and later constructing bicycles. When the money rolled in, they turned their attention to the real business—aviation.

¶3 The Wright brothers realized that the main problem with existing flying machines was their lack of control. They started thinking about ways in which the wings and nose of an aircraft could be adjusted by the pilot—the principle of 'roll, pitch and yaw' was the solution they discovered and this has been the main concept behind aircraft design ever since. In 1901-02 the brothers embarked on a series of literally ground-breaking[6] experiments with manned gliders at Kitty Hawk, on the windswept Atlantic coast of North Carolina. Early designs plummeted[7] into the sand and sea because the wings could not provide sufficient elevation. The brothers decided to research air turbulence using a wind tunnel. The wings they were able to design from the gathered data were a great improvement: by the end of 1902 their third glider succeeded in flying a good distance and responded to the controls. However, this was only a modest improvement on flights achieved by the German Otto Lilienthal who had crashed to his death six years earlier. The next challenge was to create a powered aircraft and fly it.

¶4   The brothers started designing and building their first petrol-driven 'Flyer' back in Dayton. They carved two propellers out of wood and were forced to design and build their own combustion engine (with help from their mechanic, Charlie Taylor), because all the factory models were too heavy. In late 1903 they learned that their rival, Dr. Samuel Langley, was about to test a manned version of the steam-powered aircraft he had flown in 1896. Fortunately for the Wrights it crashed. Had it succeeded there might have been a golden age of steam-powered aviation!

¶5   The Flyer Mark 1 made four short flights in 1903 but, like the Mark 2 that followed it, was difficult to control and land. The brothers relocated to a place called Huffman Prairie and constructed a proper site for aircraft testing. It was here in 1905 that their Flyer Mark 3 succeeded in staying up in the air for over thirty minutes, moving in controlled circles round the site and landing safely. The age of motorized flying had arrived.

¶6   The Wright brothers had invested large sums of money in their enterprise and now they wanted to cash in. As with so many new inventions, the first customers were the military. In 1907 the American Army Signal Corps[8] ordered a single Flyer; the French army ordered one the next year. The Wright brothers briefly achieved celebrity status and in

1908 and 1909 they undertook a tour of Europe and America, Wilbur triumphantly flying over New York Harbor above thousands of amazed spectators.

¶7   But the trail of glory blazed by these early aeronauts soon evaporated[9] like jet vapor[10] in the sky. Although the orders were pouring in for their aircraft, other manufacturers swiftly moved into the market. The brothers were dragged into a lengthy and stressful courtroom battle over their ownership of the Flyer patent, while simultaneously trying to run factories on both sides of the Atlantic. These pressures, along with the tragic deaths of several pilots in accidents during public displays, drove Wilbur to an early grave in 1912. Competition increased and in 1916 Orville lost heart, sold the company and spent the rest of his life as a small-time[11] inventor. Happily he lived just long enough to see his original Flyer Mark 3 returned to Dayton from the London Science Museum in 1948.

(860 words)

---

1. contemplate　〜を熟考する、もくろむ　2. foray into 〜　〜への進出　3. posterity　子孫、後代　4. ignominious　不名誉な、恥ずべき　5. contraption　（変わった）機械的な仕掛け、発明品　6. groundbreaking　革新的な、驚天動地の。「かけことば」に注意。陸地にぶつかったので、文字どおりground を break したわけです。　7. plummet　まっすぐに落ちる　8. American Army Signal Corps　アメリカ陸軍通信部隊　9. evaporate　蒸発する［させる］、消散する［させる］　10. jet vapor　飛行機雲　11. small-time　三流の、しがない

【パラグラフの展開をつかもう】

※空欄部分を補ってください。

¶1　19世紀の終わり、アメリカで [　　　　　　　　　　　　]

↓その中で

¶2　ライト兄弟が [　　　　　　　　　　　　　]

↓まず

¶3　[　　　　　　] を考案、[　　　　　　] に成功

↓そして

¶4　[　　　　　　　　　　　] を開始

↓さらに

¶5　[　　　　　　　] に成功し、[　　　　　　　　] も克服

↓最後に

¶6　[　　　　　　　　　　　　　　　　　]

↓しかし

¶7　他社の参入で [　　　　　]、晩年は [　　　　　　　]

大島のウンチク

　読んでいて意外に思う人がいるかもしれない。ライト兄弟が父親からのおみやげとして、おもちゃのヘリコプターをもらう箇所（第2段落）である。ヘリコプターのほうが飛行機よりも先行していたのかな、と。

　やはり、これはおもちゃのようだ。ヘリコプターによる有人飛行は1907年ということになっているようだ。ただし、おもちゃとしてなら、飛行機よりもヘリコプタ

ーのほうが先行していたらしい。

　空を飛ぶ夢は、人類そのものと同じくらい古いのかもしれない。古代ギリシアのイカロスの伝説にもある。レオナルド・ダ・ヴィンチの設計図もあるようだし。

　しかし、問題は揚力、つまり、人を持ち上げる装置の問題。しかも、装置そのものが重くては何にもならない。

　飛行機よりも先に英仏海峡を横断したのが気球だったのは、揚力の問題が比較的容易だったからということになる。ちなみに、気球と飛行船の関係は、グライダーと飛行機の関係と同じ。どちらも前者のほうには動力がなく、後者には動力がある。整理すると、以下のとおり。

	気体の揚力を利用	翼への気流を揚力に利用	回転ロータを利用
動力なし	気球	グライダー	
動力あり	飛行船	飛行機	ヘリコプター

　まあ、いろいろあって、ライト兄弟は飛行機開発に成功したわけだが、それが戦争の時代と重なり合っていたのが、開発に拍車をかけた。そして人類の不幸でもあった。第二次世界大戦になると、飛行機は大量殺戮装置としての役割を担うことになってしまう。

　ひょっとすると、ライト兄弟が自転車製造をしながら飛行機開発を夢見た時代は、まだ牧歌的だったのかもしれない（それに比べると、トロイの発掘を夢見た実業家のシュリーマンは、発掘のあとでも穏やかなものだったなあ）。

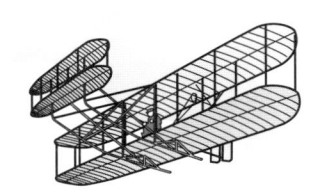

【全訳】
ライト兄弟 ── 空のパイオニアたち

20世紀の象徴的な幕開けとなった出来事、それが1905年、ライト兄弟が成功させた人類初の有人動力飛行であった。しかしその後、ライト兄弟たちはビジネスマンとして、発明家としての苦労よりもはるかに厳しい道を歩む結果となったのである。

¶1　19世紀も終わりに近づき、アメリカの国内は落ち着きつつあった。南北戦争は北軍が勝利し、アメリカ先住民による最後の抵抗運動はウンデッドニー大虐殺（1890年）で無残に鎮圧された。「ワイルド・ウェスト」（と呼ばれたフロンティア時代の西部）はもはや未開の荒野ではなかった。そこでアメリカ人たちは征服すべき新たなフロンティアを探し始めた。その中に空を目指した者たちがいた。政府は空を飛ぶ機械などばかげたアイディアだと考えていたので、空への初進出は起業家やアマチュアの手に委ねられた。彼らの初期の試みと時期を同じくして映画が発明され、初期段階の有人飛行実験の無様な失敗──羽をバタバタさせるおかしな機械が地面に衝突する様子──を記録し、後世に残した。しかし、1896年、サミュエル・ラングレー博士がポトマック川の上で蒸気エンジンを積んだ無人飛行機を2分の1マイル飛ばすことに成功すると、それは人々の想像力をかきたて、人類初の有人動力飛行への競争は激化していった。

¶2　ウィルバー（1867年生まれ）とオーヴィル（1871年生まれ）のライト兄弟が空を飛ぶ機械に魅せられたのは、オハイオ州デイトンで教会の職についていた彼らの父が出張の帰りにおもちゃのヘリコプターを買ってきたのがきっかけだった。少年たちは自分たちでヘリコプターを作り始め、それから憑り付かれたようになった。学校を卒業すると、ライト兄弟は印刷業を始め、一時期日刊紙の発行を目指したが失敗。しかし1894年、自転車の販売を始めて成功し、後に自転車製造も手がけるようになった。資金が転がり込んでくると、彼らの

興味は本当にやりたかったビジネス——航空機産業に向かった。

¶3　ライト兄弟は、それまでの空を飛ぶ機械が抱える大きな問題は操縦できないことだと認識していた。そこで彼らは飛行機の翼と機首をパイロットが調節できる方法を考え始めた。彼らが発見した解決策が「ピッチ（縦揺れ）、ロール（横揺れ）、ヨー（偏揺れ）」の原理であり、それ以来、その原理は航空機の設計における主要概念となっている。1901年から1902年にかけて、ライト兄弟はノースカロライナ州キティホークにある吹きさらしの大西洋岸において、文字どおり新天地を切り開く有人グライダー飛行実験を開始した。初期のモデルは主翼が十分に揚力を得ることができず、砂浜や海にまっ逆さまに墜落した。ライト兄弟は風洞を使って乱気流に関する研究を行うことにした。その研究で集積されたデータをもとに設計された主翼には大きな改善が加えられた。1902年末までには3機めのグライダーがかなりの距離を飛ぶことに成功し、操縦にもきちんと反応した。しかし、これは、この6年前にドイツ人オットー・リリエンタール（墜落事故で死亡）の達成したレベルからわずかに進歩した程度のものでしかなかった。次の課題はエンジンを積んだ飛行機をつくり、それを飛ばすことだった。

¶4　ライト兄弟はデイトンに戻り、ガソリン・エンジンを積んだ「フライヤー1号」の設計・製造を開始した。彼らは木を削って2本のプロペラをつくり、エンジンも、工場で生産されている既成のエンジンは重量がありすぎたため、（彼らが雇っていた機械工のチャーリー・テイラーに手伝ってもらいながら）自分たちで設計・製造せざるを得なかった。1903年末、彼らはライバルのサミュエル・ラングレー博士が1896年に飛行を成功させた蒸気エンジンの飛行機で有人飛行テストを行おうとしていることを知った。が、ライト兄弟にとって幸運だったことに、その飛行機は墜落してしまった。その実験が成功していれば、蒸気エンジン飛行機の黄金時代が訪れていたかもしれない。

¶5　「フライヤー1号」は1903年に短距離の飛行を4回成功させたが、それに続く「フライヤー2号」同様、コントロールと着陸に問題があった。ライト

兄弟はハフマン・プレーリーという場所に引越し、飛行テストにふさわしい施設を建設した。1905年、まさにこの地で彼らの「フライヤー3号」は滞空時間30分以上、パイロットの操縦で施設の上空を旋回し、無事に着陸するという成功を納めたのである。動力飛行時代の幕開けであった。

¶6　ライト兄弟は彼らの事業に多大な資金をつぎ込んできており、今度はそれを回収したいと考えた。多くの新発明同様、最初の顧客は軍隊であった。1907年、アメリカ陸軍通信部隊がフライヤーを1機発注した。翌年、フランス陸軍からも1機注文が入った。ライト兄弟は一時的に著名人の仲間入りをし、1908年と1909年、ヨーロッパとアメリカ各地を訪問した。ニューヨークでは、何千人という観客が仰天して見守る中、ウィルバーが誇らしげにニューヨーク港上空を飛んでみせた。

¶7　しかし、彼ら初期の飛行家が切り開いた輝かしい航跡は、空に描かれた飛行機雲のようにすぐに消散してしまった。彼らの飛行機に注文は殺到していたが、他の製造会社もすぐに市場参入してきたのだ。ライト兄弟は太平洋の両岸（アメリカとヨーロッパ）で工場を経営しながら、フライヤーの特許を巡る、長く苦しい裁判に引きずり込まれることになった。こうしたプレッシャーがあり、公開飛行で数名のパイロットが悲惨な事故死をしたこともあって、ウィルバーは早々に他界してしまった。1912年のことであった。競争が激化し、やる気をなくしたオーヴィルは1916年、会社を売却し、ぱっとしない発明家として残りの人生を過ごした。しかし幸運なことに彼は長生きをして、1948年にロンドン博物館に寄贈したフライヤー3号の原型機がデイトンに返還されるのを見届けることができた。

【パラグラフの展開】

¶1　19世紀の終わり、アメリカで有人動力飛行への競争が激化

　↓その中で

¶2　ライト兄弟が航空機産業へ関心を向ける

　↓まず

¶3　航空の原理を考案、グライダーの飛行に成功

　↓そして

¶4　ガソリン・エンジンを積んだ飛行機の設計・製造を開始

　↓さらに

¶5　短距離飛行に成功し、コントロールと着陸の問題も克服

　↓最後に

¶6　資金の回収を始める

　↓しかし

¶7　他社の参入で競争が激化、晩年はあまり幸せではなかった

Episode 16
1929年のウォール街大暴落

1929年の株価大暴落は、10月24日の「ブラックサーズデー」から翌週の「ブラックマンデー」「ブラックチューズデー」の3日間で起こりました。3日間の出来事と、その解説が1パラグラフずつにまとめられています。証券取引所のパニックを思い浮かべながら読んでみましょう。

The Wall Street Crash of 1929

America of the 1920s was a consumer paradise, with lots of new products to buy and plenty of money to buy them with. People invested speculatively in a stock market that many believed would never fall... but of course, in the end, it did.

¶1　Thursday 24th October 1929—*The American stock market on Wall Street suffers a day of exceptional losses. Worried brokers and investors cluster around the little tickertape machines[1] in glass domes spewing out bad news. In fact these machines (in the days before computers) cannot keep up with the dramatic falls taking place on the stock market floor— adding to the confusion and panic. At one point police have to be brought in to quell[2] a riot. But in the middle of the crises five of the country's lead-*

ing banks issue a statement saying that the steep losses are the result of 'technical problems' and that the market is sound. Before the closing bell these words of reassurance have caused the market to recover a little. On Friday and Saturday the market dips but rallies³ again and closes more or less at Thursday's level. There have been winners and losers. Some investors believe the banks and put in more money to recoup their losses. The lucky ones have got out, hoping to pick up some bargains when the tide turns again.

¶2　What led to this panic on Wall Street? The answer is—'the Roaring 20s' or 'Jazz Age'. The 1920s were the first years of unbridled⁴ consumerism in the industrial age. There were affordable electrical goods to bring luxury into the ordinary household. There were model T Ford motorcars opening up a world of mobility⁵ for the average citizen. You could now drive to a great variety of clubs, concert halls, theaters and cinemas. And everywhere you went you heard sweet jazz music either on phonographs (record players) or wireless sets (valve radios) or live in hundreds of dance halls. Jazz music was the frenetic accompaniment to the accelerating wheels of industry. Wild dances such as the Charleston and the Black Bottom tore into⁶ conventional morality, and girls called 'flappers' wore short skirts and had their hair cut into 'bobs.' There was an atmosphere of unreality pervading the whole of American society, with all its strange excesses being reflected in the emerging Hollywood cinema industry—the first 'talkies' arrived in 1927. Part of this strange unreality was the belief that the stock market would go on rising forever. You could buy stocks and shares on credit just as you did motorcars and kitchen appliances—many individuals linked their fortunes to Wall Street, along with the big investors. In 1929 people really thought they couldn't lose.

¶3　Monday 28th October—*Over nine million shares are traded causing a steep decline in prices. The panic is on. Eleven stockbrokers have by now committed suicide. Even shoeshine boys are talking about 'The Wall-Street Crash'. Leading financiers and bankers buy up great blocks of stocks in an effort to stem the tide—but they might as well be buying ice cubes in the middle of a heat wave. The prices continue to melt.*

¶4　Why had the government allowed such a bubble to grow in the first place? Unfortunately the US and many world governments had pursued a policy of 'laissez-fair' ('let it be'). They believed markets should not be regulated and furthermore they did not want to take the blame if things went wrong after they intervened. With hindsight it seems obvious that the market was hugely overvalued and something needed to be done to give it a 'soft landing.' In fact by March 1929 The Federal Reserve Board[7] was meeting daily to discuss the developing crisis, and a number of mini-crashes occurred in the six months up to October. But nobody was prepared to stick their neck out[8] before the real crises hit.

¶5　Tuesday 29th October—'Black Tuesday'. *Sixteen million shares are sold. Tearful brokers try desperately to call clients to get instructions. Most realize that they have to sell at any price. Crowds gather round the tickertape machines to see their fate being punched out on thin strips of paper. A funereal atmosphere develops, as people silently absorb the consequences of the crash. There is no rally today, in spite of the usual words of reassurance from banks and financiers. Reality has brought the Jazz*

Age party to a sudden end. By the end of the day the market has lost $9 billion and the floor of Wall Street is littered with tickertape and broken dreams.

¶6   Black Tuesday and its aftermath brought a wave of suicides among failed businessmen. But that was only the beginning. In the next few years the US stock market lost 80% of its value, resulting in the Great Depression. One hundred thousand American companies were forced into bankruptcy. The consequences were felt globally: worldwide recession ensued that was a major factor in the decline of the German economy and Adolf Hitler's rise to power. Many previously wealthy bankers and brokers were left penniless—some were forced to sell apples on the street and eat in Salvation Army[9] soup kitchens[10]. But it was the twelve million workers made unemployed who suffered the most, as these lines from a popular song of the day recall—

¶7   *'Once I built a railroad*
Made it race against time[11]
Once I built a railroad, now it's done.
Brother, can you spare a dime?'[12]

(900 words)

---

1. tickertape machine　株価速報機（tickerは証券取引所で株価などを印字する機械、ticker tapeは印字される紙テープ、または印字された株価のこと。現在では電光表示になっているが、それでもチッカーと呼ぶ）
2. quell　鎮圧する　3. rally　元気を取り戻す、回復する　4. unbridled　抑制のきかない　5. mobility　移動性、流動性、自由に動き回れること（≒自動車）　6. tear into ~　~に穴をあける、切り裂く、攻めかかる
7. Federal Reserve Board　連邦準備制度理事会（FRB）（アメリカの中央銀行制度をFederal Reserve System「連邦準備制度」（FRS）といい、FRBはその運営機関。公定歩合の変更など金融政策の決定と、各

地の連邦準備銀行の監督を行う）　8. stick one's neck out　危険に身をさらす、災いを招く　9. Salvation Army　救世軍（軍隊を模した組織をとり、社会福祉活動に力をいれているプロテスタントのキリスト教の一派。年末に街頭で鍋に募金を集める「社会鍋」で有名）　10. soup kitchen　スープ・キッチン（ホームレスや貧困者に無料で食事を提供する施設）　11. race against time　急ぐ、時間と競争する　12. Brother, can you spare me a dime?　ブロードウェイミュージカル『アメリカーナ』の曲。spare＋人＋時間・金額 で「＜人＞のために＜時間・金額＞を分け与える」。Can you spare some change?は物乞いするときに使う決まり文句。

【パラグラフの展開をつかもう】

※空欄部分を補ってください。

¶1　10月24日（木）[　　　　　　　　　　　]

　↓その原因は（1）

¶2　1920年代の [　　　　　] と [　　　　　]

　↓次に

¶3　10月28日（月）[　　　　　　　　　]

　↓その原因は（2）

¶4　政府の [　　　　　] により [　　　　　]

　↓さらに

¶5　10月29日（火）[　　　　　　　　　　]

　↓結局

¶6　[　　　　　　　　　　　　　　　　　　]

　↓たとえば

¶7　流行歌に [　　　　　　　　　　]

大島のウンチク

　この章では、二種類の字体（フォント）が交互に現れているのが不思議に見えるかもしれない。新聞の文体で現在形で書かれた節と、歴史書の文体で過去形で書かれた節がテキストを織りなしている。臨場感あふれるスタイルと、距離を置き客観性を獲得しようとスタイルの交錯の中に、イギリスの新聞の通信員の経験もある英文筆者の面目躍如たるところがある。

　大恐慌に関する資料は汗牛充棟（牛に載せたら汗を流し、建物を一杯にするくらい）である。現代の日本の経済状況と重ね合わせて展開される議論も多い。それは経済専門書にまかせよう。ここでは歴史の不思議なつながりあいに思いをはせてみる。

　大恐慌の後、F.D. ローズヴェルト政権によって実施された恐慌対策に「ニューディール政策」がある。中身はともかく、社会科の時間に一度くらいは名前を聞いたことがあるはずだ。この政策、最終的には恐慌対策として成功とは言えなかったというのが歴史的な評価らしいが、中身は「これがアメリカ？」と思えるほど、急進的なものだった。

　基本的には国家主導。失業者救済、農民への融資活動、社会保障制度の樹立など、驚くべきほど、弱者へのまなざしのある政策だった。やがて保守派の巻き返しとともに、軍事支出を中心とする戦時体制へと移行する中でニューディール政策は終焉を迎える。

　しかし、話はここで終わらない。

　時が経過し、日本が第二次世界大戦に敗北した後、1945年から46年にかけて、マッカーサー率いる占領軍の民生局の指導の下、日本国憲法の草案が練られていく。その民生局のスタッフたちは、ニューディールの政策を是とするアメリカ人学者たちを核としていたのだった。未完に終わったニューディールは、遠く日本で、接ぎ木されていく。そしてその枝の先に、日本国憲法と、20世紀後半の日本が描かれることになろうとは、大恐慌の時点では、世界の中の誰も予想できないことだったのである。

【全訳】
1929年のウォール街大暴落

1920年代のアメリカは消費者天国であった。購買欲をくすぐる新しい商品が次々と登場し、それらを購入する資金も潤沢であった。人々は株に投機的な投資を行っていた。その多くは株式市場が破綻するなどとは夢にも思っていなかった。だが、知ってのとおり、破綻は現実のものとなったのである。

¶1　1929年10月24日木曜日。アメリカ株式市場は例外的とも言える大きな損失を出した。不安を感じたブローカーや投資家たちは、悪い知らせを吐き出し続ける、ガラスのドームに入った小さなチッカー（株価表示機）の周りに集まっていた。実際、（コンピューターのない時代ゆえ）、この機械は証券取引所で起きている劇的な株価下落、そしてそれに伴う混乱やパニックについていくことはできなかった。一時期は、暴動を鎮めるのに警察が出動しなければならないほどであった。しかし、こうした危機のなか、アメリカの5つの主要銀行が急激な下落は「機械的な問題」によるものであり、株式市場は安定しているという声明文を発表した。こうした声明文が与えた安心感のおかげで、市場が閉まるまでに株価は多少回復した。金曜日と土曜日には一時的に下がってはまた回復し、終値は木曜日とほぼ同じとなった。儲けた人も損をした人もいた。投資家の中には損失を取り戻そうと銀行を信用してさらに資金をつぎ込んだ者もいた。運のいい人は、風向きが変わったらまた掘り出し物を見つけようと思ったので、余分な資金をつぎ込まずにすんだ。

¶2　このウォール街の恐慌の原因は何だったのだろうか。その答えはジャズエイジとも呼ばれる「狂乱の20年代」にあった。1920年代は、産業革命後のとどまるところを知らない大量消費時代の始まりであった。手の届く価格の電気製品が出回り、ちょっとしたぜいたく品として一般家庭に入り込むようになった。また、自動車のT型フォードが生産されるようになり、平均的な市民にと

っても自動車が身近な存在となった。人々は自動車であちこちのクラブやコンサートホール、劇場、映画館に出かけるようになり、行く先々で蓄音機（レコードプレーヤー）や無線ラジオ（真空管ラジオ）から流れてくる、あるいは何百というダンスホールで生演奏されるジャズを耳にするのだった。ジャズは産業が加速的に発展していく時代を彩る、けたたましい伴奏だったのだ。チャールストンやブラックボトムといった激しい踊りが流行り、従来の道徳観を壊していった。「フラッパー」と呼ばれる若い女性たちは短いスカートをはき、「ボブ」というヘアスタイルに変えた。アメリカ社会全体が非現実的な雰囲気に包まれていた。そしてそうした不可思議な過剰さは、ちょうどその頃台頭してきたハリウッドの映画にすべて投影された。最初の「トーキー」ができたのは1927年のことであった。「株価は永遠に上昇し続ける」という信念は、こうした不可思議な非現実性の一つだったのだ。自動車や家電をクレジットカードで買うように、株や債券を購入することができた。そして大口投資家だけでなく、個人投資家もウォール街で財産を築いた。1929年の時点では、損をすることなどあり得ないと人々は考えていた。

¶3　10月28日月曜日。900万株以上が売られ、株価が急に下落した。パニックが起きた。ブローカー11人が自殺し、靴磨きの少年までが「ウォール街崩壊」の話題を口にした。主要な資本家や銀行家は、崩壊を食い止めようと大口の買いを入れたが、しかしそれは熱波の中で氷を買っているようなものだった。株価はひたすら下がり続けた。

¶4　なぜ政府はバブルがここまで膨らんでいくのを見過ごしていたのだろうか。あいにく当時は、アメリカもその他多くの国の政府も「自由放任主義」（あるがままに）をとっていた。市場規制はすべきではなく、へたに介入して悪い結果が出た場合の責任を取りたくないと政府は考えていたのだ。今から考えれば、当時、株価が過大評価されており、「軟着陸」できるよう何らかの手を打つ必要があったのは明らかだ。実際、1929年3月には連邦準備制度理事会が毎日のように召集されるようになり、危機の高まりについて議論が行われ、10月ま

での半年間に何度か小規模の暴落が起きたが、やがて訪れる本物の危機を迎える準備ができている人は1人もいなかった。

¶5　10月29日火曜日、「暗黒の火曜日」である。1600万株が売られ、ブローカーたちは泣きそうになりながら必死で顧客の指示を仰ぐ電話をかけまくった。彼らのほとんどは、どんな価格でも売るしかないということがわかっていた。チッカーの周りに群集が集まり、細い紙テープに打ち出される彼らの運命を見つめていた。葬儀のような雰囲気があたりを包み、人々は暴落の結末を静かに受け入れた。銀行家や資本家はいつものように安心させるような話をしていたが、その日は株価が回復することはなかった。ジャズエイジ・パーティーは突然終わりを告げた。それが現実だった。その日の取引終了までに90億ドルの損失を出した。取引所の床には紙テープと敗れた夢がちらばっていた。

¶6　暗黒の火曜日とその後の余波で、損をしたビジネスマンたちの自殺が相次いだ。しかし、それはまだ始まりでしかなかった。続く数年間でアメリカ株価は80％も下がり、その結果、大恐慌を引き起こした。10万社ものアメリカ企業が倒産に追い込まれた。その影響は全世界に広がり、世界大恐慌へとつながっていった。さらにそれがドイツ経済の衰退を招き、アドルフ・ヒットラーが権力を握る結果となった。裕福だった銀行家やブローカーたちの多くも一文無しとなった。中には通りでリンゴを売り、救世軍のスープキッチンで食いつないでいる人もいた。しかし最も苦しんだのは、失業を余儀なくされた1200万人もの労働者たちである。当時の流行歌はその当時の状況が描かれている。

¶7　　　　かつておいらは鉄道工夫だった。
　　　　　猛スピードで列車を走らせたものさ。
　　　　　かつておいらは鉄道工夫だった。
　　　　　けれど仕事はもうおしまい。
　　　　　兄弟、10セント硬貨をくれないか？

【パラグラフの展開】

¶1　10月24日（木）　最初の暴落

　↓その原因は（1）

¶2　1920年代の大量消費と投資ブーム

　↓次に

¶3　10月28日（月）　900万株以上が売られ、株価が下がり続ける

　↓その原因は（2）

¶4　政府の自由放任主義によりバブルが拡大

　↓さらに

¶5　10月29日（火）「暗黒の火曜日」が起こる

　↓結局

¶6　ビジネスマンたちの自殺などの悲劇、世界大恐慌へ

　↓たとえば

¶7　流行歌に失業者が描写されている

Episode 17
ブリテンの戦いとザ・ブリッツ

第二次世界大戦中、ドイツがイギリス本土上陸への前哨戦のつもりで仕掛けた一連の航空戦が「ブリテンの戦い」です。ドイツ空軍とイギリス空軍の攻防が詳細に描かれています。それぞれどんな作戦で戦ったのか、時間や天候の記述にも注意して読んでいきましょう。

The Battle of Britain and the Blitz[1]

In the summer of 1940, Adolf Hitler had overwhelmed Western Europe and stood poised to[2] invade Britain. Only a few hundred brave fighter pilots stood in his way—and the spirit of the British people whose courage only grew when their cities were bombed.

¶1　World War II saw the cumbersome[3] flying machines pioneered by the Wright brothers evolve into deadly maturity[4]—sleek birds of prey[5] that would play a decisive role in the conflict. After the Germans overwhelmed France with their tank regiments and forced the British army to retreat from Dunkirk, Adolf Hitler, the German leader, hoped the British would acknowledge his control of Europe in exchange for keeping their overseas Empire[6]—a partnership in world domination. But the British had too many global interests and too many commitments to other nations to accept such a deal. So in the summer of 1940 Hitler decided to invade Britain—or at least force Prime Minister Winston Churchill to the negotiating table.

¶2   The invasion plan was badly planned. The German army had no modern amphibious landing craft[7] to carry tanks and troops. Instead, the invasion force would have to be transported in rusty old barges[8]. Big canons would be dragged onto the British coast by cart-horses! If a break in the weather allowed this unwieldy[9] force to get across the channel, they still had the might[10] of the British Navy to confront, and the firepower[11] of Spitfires and Hurricanes—the star fighter planes of the Royal Air Force (RAF).

¶3   The German air force was called the Luftwaffe and was headed by Herman Goering. In the summer of 1940 Hitler instructed Goering to smash the British defences from the air, so that the invasion could start before the storms of autumn. Goering, himself a former Luftwaffe fighter hero, accepted the challenge with headstrong[12] confidence—but most of his Luftwaffe colleagues were dismayed[13] at the prospect of fighting a war in British skies. They would have to fly from ill-equipped airstrips[14] recently captured in Belgium, and their best fighter plane, the Messerschmitt 109, could only cover 125 miles before having to refuel. Furthermore, the British had an efficient radar system stretching the length of the country, which would give them early warning of incoming aircraft. Hitler and Goering also seriously underestimated the power of British industry—the Hawker and Vickers factories were producing 500 new warplanes per month.

¶4 Shrugging aside[15] his colleagues' concerns, Goering launched his first wave of attacks on July 10th 1940, targeting British ships in the channel, sinking a large number of merchant vessels but leaving the Navy unscathed[16]. The Germans changed their tactics at the start of August with 'Operation Eagle', which targeted airfields, factories and roads and railways. At first the Luftwaffe was doing well—although they failed to realize it at the time. Although the RAF shot down a lot of the German bombers, they were losing too many fighters to keep going much longer. They had plenty of aircraft, but not enough pilots and not enough time to train replacements for those killed in action. In July and August the RAF lost a quarter of its entire fighter crew. The desperate RAF tried to fool the Germans by rapidly moving tired pilots from one airfield to another, making them fly dangerously long hours to give the impression that they still had enough pilots to keep all the squadrons[17] in the air.

¶5 In a speech to the House of Commons[18] on August 15, Churchill praised the tiny number of fighter pilots who were defending all the people of Britain from invasion. In his famous words: "Never in the field of human conflict was so much owed by so many to so few." Ever after that, the RAF pilots who fought in the Battle of Britain were called 'the Few.'

¶6 The frustrated Germans decided to try and finish the battle in one grand 'set piece[19]'—they launched waves of attacks at the heart of London in the hope of bringing the full RAF reserves into the open. On September 15th an intense dogfight[20] took place in the skies over London, involving hundreds of aircraft from each side. British statistics showed 183 German planes destroyed, with 45 more probably destroyed and 72 damaged. The RAF lost 25 aircraft, with 13 pilots killed or missing.

¶7   This was the decisive moment of the Battle of Britain. Two days later, with rough autumn weather closing in[21], Hitler 'postponed' his invasion. Those few RAF pilots had saved the country from an attempted invasion by their stubborn resistance. Both sides had suffered heavy losses, but this was a crucial psychological victory for Churchill, for it proved that the German war machine could be stopped.

¶8   Hitler responded by launching a psychological counter-attack. The Blitz, which followed the Battle of Britain, was a series of night bombing raids on major British cities. The aim was to terrorize the civilian population—but it had much less strategic impact than the summer attacks against military targets. London, Coventry and Liverpool were all set ablaze[22] by incendiary bombs[23], but this merely served to strengthen the resolve[24] of their populations. In the London Underground people formed unofficial social clubs, drinking tea from thermos flasks safe from the bombs which fell above. Many remember this as a time of unique social solidarity and communal trust.

¶9   By May 1941 Hitler needed all his resources to fight the Soviet Union. The shadow of the Luftwaffe never fell again over England's 'green and pleasant land[25].' And to this day, when British people are struggling in some difficult situation, they sometimes tell each other to remember 'the spirit of the Blitz.'

(940 words)

1. blitz 電撃戦、猛攻撃、大掛かりな作戦（ドイツ語で「稲妻、閃光」の意）　2. stand poised to do 〜する態勢にある　3. cumbersome 扱いにくい、厄介な　4. deadly maturity deadlyは「致命的な、死を招く、破壊的な、殺害を意図とした」、maturityは「成熟」の意で、ライト兄弟の作った未熟な飛行機が改良されて戦闘機になったことを指す。5. bird of prey 猛禽、肉食性の鳥（ワシ、タカ、ミミズクなど。preyは「餌食（にする）、犠牲者」の意）　6. overseas Empire （イギリス）帝国海外領土　7. amphibious landing craft 揚陸艦　8. barge 輸送艦　（平底の貨物輸送用の船）。「はしけ、遊覧客船［屋形船］」の意も　9. unwieldy （大き過ぎて・重過ぎて）扱いにくい、不格好な　10. might 勢力、権力　11. firepower 射撃能力（fireは名詞・動詞で「発射（する）、射撃（する）」）　12. headstrong 頑固な、自分勝手な　13. dismay 落胆［意気消沈・失望］させる、狼狽させる、おじけづかせる　14. airstrip 臨時［仮設］滑走路、小さい空港　15. shrug aside 無視する、見ないふりをする。shrugは「肩をすくめる」（無関心、冷淡、疑惑などを示すしぐさ）　16. unscathed 無傷で（scatheは古語で「傷（つける)、損害（を与える)」)　17. squadron 飛行中隊（英空軍）　18. House of Commons （英議会の）庶民院［下院］⇔House of Lords 貴族院［上院］　19. set piece （計算された）軍事行動、本格的な作戦、仕掛花火、型どおりの作品　20. dogfight 空中戦、乱闘　21. close in 近づく、迫ってくる、（日が）短くなる　22. set 〜 ablaze 〜を炎上させる　23. incendiary bomb 焼夷弾　24. resolve 決心、強固な意志　25. green and pleasant land 「緑の心地よい大地」。イギリスの第二の国家とも言われる聖歌。歌詞はウィリアム・ブレイクの『ミルトン』の序詞の一節。

【パラグラフの展開をつかもう】

※空欄部分を補ってください。

¶1　世界第二次大戦中、［　　　　　　　　　　　　］

↓しかし

¶2　ドイツの侵攻作戦は［　　　　　　　　　　　］

↓［　　　　　］

¶3　粗末な滑走路・短い飛行距離・イギリスへの過小評価

↓そして

¶4　［　　　　　　　　　　　　　］は失敗

Episode 17／ブリテンの戦いとザ・ブリッツ

↓そして

¶5　チャーチルが［　　　　　　　　　　　］を賞賛

↓さらに

¶6　［　　　　　　　　　　］も失敗

↓そこで

¶7　ヒットラーはイギリスへの侵攻を「延期」

↓最後に

¶8　［　　　　　　　　　　　　　　　　　］

↓結局

¶9　［　　　　　　　］のためドイツはイギリス侵攻を中止

大島のウンチク

「ブリテンの戦い」（1940年）と「ノルマンディー上陸作戦」（1944年）の日本での知名度を考えると、やはり英国的な前者（チャーチル首相）よりも米国的な後者（アイゼンハワー元帥、後に大統領）に軍配が上がる。世界的なインパクトの違いもあるだろうが、やはり米国的な事柄のほうが、今の日本では近いものに感じられるのだろう。

「映画（『史上最大の作戦』）の影響もあるんじゃないか？」と思う人には、『空軍大戦略』を紹介しておこう。ただし、予算的にも俳優的にもストーリー的にも、『史上最大の作戦』に負けてるけど、本文に出てくるような地下鉄の駅での自然発生的な寄り合いも画面に出てくるし、イギリス人は（少なくとも当時は）本当に紅茶が好きだったんだなあと思える場面が何度もある。なにしろ空襲警報を聞きながら、ティーカップ片手に避難したりするのだから。

パイロットが払底していたことも、レーダー網の優秀さも、そしてレーダー網がド

イツ軍に狙い撃ちされることも、この映画の主要なシーンを構成している。そしてなにより、『空軍大戦略』のラストには、今回の英文に出てくるチャーチルの言葉が画面に大きく出てくる。

そして一番最後には、この戦いで落命した人々の数が、国別に表示されて終わる。実は、映画の中ほどのシーンでも、英語をあまり理解できないポーランド軍のパイロットたちが、見事にイギリス上空を守る飛行隊として成長していく様子が描かれていて、それなりに感動と笑いを誘っているのだが、第二次世界大戦が、少なくとも局所的には、うるわしい理念の下に戦われた戦争だったということを伝える映画になっている。

【全訳】
ブリテンの戦いとザ・ブリッツ

1940年夏、アドルフ・ヒットラーは西ヨーロッパをすでに制圧し、イギリスへの侵攻を開始する勢いにあった。彼の行く手を阻止しようと立ち上がったのは、わずか数百人の勇敢な飛行機乗りと、自分たちの町が爆撃を受けてようやく勇気に火がついたイギリスの人々の心意気だった。

¶1　ライト兄弟によって開発され、扱いにくい空飛ぶ機械だった代物が、第二次世界大戦中におぞましい成熟を見せる。つまり、戦闘で決定的な役割を演じるような、見事な猛禽へと変貌したのだった。ドイツが戦車部隊でフランスを制圧し、ダンケルクからイギリス軍を撤退させると、ドイツ総統、アドルフ・ヒットラーは、イギリスが海外領土を維持し、ドイツがヨーロッパを支配すること、すなわち世界征服のパートナーとなるということを目論んだ。しかし、全世界におけるイギリスの権益は非常に大きく、また他国に対する責任も大きかったので、そんな取り引きは受け入れられないものだった。そこで、1940年夏、ヒットラーはイギリスへの侵攻を決定した。少なくとも首相ウィンストン・チ

ャーチルを無理矢理、交渉のテーブルにつかせようとしたのだ。

¶2　侵攻作戦は稚拙なものだった。ドイツ軍は戦車や兵員を輸送する近代的な揚陸艦を持っていなかった。侵攻部隊を輸送するには古くてさびついた貨物船を使うしかなかった。大きな大砲もイギリス海岸線まで荷馬車で引いていくしかなかったのだ。もし天候の急変が幸いして、動きのにぶい兵隊が海峡を渡れたとしても、行く手にはイギリス海軍が立ちはだかり、さらには、スピットファイヤー、ハリケーンといったイギリス空軍（RAF）のスター戦闘機の高い火力が立ちはだかっていた。

¶3　ドイツ空軍は「ルフトヴァッフェ」と呼ばれ、ヘルマン・ゲーリングが総司令官を務めていた。1940年夏、ヒットラーはゲーリングに、イギリスの防衛戦力を空からたたくよう指示した。秋の嵐が来る前に侵攻を開始できるようにするためである。かつてルフトヴァッフェの戦闘機パイロットとして腕をならしたゲーリングはその難題を引き受けた。彼には依怙地なまでの自信があった。しかし、彼以外のルフトヴァッフェの面々のほとんどはイギリス上空で戦うことに腰が引けていた。それは、占領して間もないベルギーのお粗末な滑走路から出発しなければならず、ドイツ空軍の最高戦闘機メッサーシュミット109は、給油なしで飛べる距離が125マイルしかなかったからだ。さらにまた、イギリスでは性能のいいレーダー網が国中に張り巡らされ、侵入してくる航空機をいち早く発見することが可能であった。そして、ヒットラーとゲーリングは、イギリスの工業力をあまりにも過小評価していた。ホーカーやヴィッカースといったメーカーの工場は月間500機の戦闘機を生産していたのだ。

¶4　同僚たちの不安を鼻にもかけず、ゲーリングは1940年7月10日、第一次攻撃を繰り出した。ドーバー海峡のイギリス船に狙いをつけ、商船は数多く撃沈したものの、海軍には何の損傷もなかった。ドイツ軍は8月に入ると作戦を変更した。空港、工場、道路、鉄道などを目標とする「イーグル作戦」である。当初、ルフトヴァッフェは順調だった（ただし、当事者たちはそれを知らなかった）。イギリス空軍もドイツ軍の爆撃機を多く撃墜したが、戦いを長期間続け

るにはパイロットの犠牲者が多すぎた。イギリス軍には多数の戦闘機が残っていたものの、パイロットの人数も、戦闘中に死亡したパイロットの代わりをトレーニングする時間も足りなかったのだ。7～8月でイギリス空軍は戦闘機パイロットの4分の1を失った。絶望的になったイギリス軍は、疲弊しているパイロットを別の空港へ次から次へと移動させることでドイツ軍の目を欺こうとした。パイロットたちに危険を伴う長時間飛行をさせ、イギリス軍飛行隊すべてを飛行させるのに十分なパイロットが揃っているという印象をドイツ軍に与えようとしたのである。

¶5　8月15日、チャーチルは下院で演説したが、その中で、イギリス全土の人々をわずかな人数で侵略から守った戦闘機パイロットたちを称えた。このときの「人間の戦いの歴史の中で、かくも多くの人が、かくも多くのことについて、かくも少ない人のおかげをこうむったことはいまだかつてなかった」という言葉は有名である。そのとき以来、ブリテンの戦いに参加したイギリス空軍のパイロットたちは「少数の人々（精鋭）」と呼ばれた。

¶6　たまりかねたドイツ軍はある大作戦で一気に戦いを終結に導こうと考えた。ロンドンの中心に連続攻撃をしかけ、イギリス空軍が保持する全勢力を空中戦に誘い出そうというのである。9月15日、ロンドン上空で激しい空中戦が展開され、両軍から数百機が参戦した。イギリス側の数字では、少なくともドイツ軍機183機が撃墜された。撃墜された可能性があるものがさらに45機、そして破損72機となっている。一方、イギリス空軍が失ったのは25機、死亡または行方不明のパイロットは13人のみであった。

¶7　これが「ブリテンの戦い」における決定的な瞬間であった。2日後、秋の荒れ模様の天候がやってくると、ヒットラーはイギリスへの侵攻を「延期」した。数少ない人数で戦ったイギリス空軍のパイロットたちは執拗に抵抗し、イギリスを救ったのだ。両軍とも大きな損失をこうむったが、チャーチルにとっては心理的な面で決定的な勝利となった。ドイツ機を阻止できると証明できたからだ。

¶8　ヒットラーも心理的な反撃作戦に出た。「ザ・ブリッツ」である。これは「ブリテンの戦い」に引き続き、イギリスの主要都市を連続して行った夜間爆撃のことである。その目的は、一般市民を脅かすことだったが、戦略的に見れば、夏に行われた軍事的標的への攻撃ほどのインパクトはなかった。ロンドン、コヴェントリー、リヴァプールの町は焼夷弾によって炎に包まれたが、結果的には、市民たちの意思を強固にしたにすぎない。ロンドン地下鉄の構内で、集会が自然発生的に行われるようになった。上空から落ちてくる爆弾から安全な状態で、保温水筒に入れたお茶を飲む会である。多くの人々は、独特な連帯感と信頼感が社会に満ちていた時代としてこの頃を記憶している。

¶9　1941年5月になると、ヒットラーは手持ちの全勢力を対ソ戦に向けることが必要になった。その後、イギリスの「緑の心地よい大地」にルフトヴァッフェの影が映ることは二度となかった。そしてイギリスの人々は今日でも何か困難な状況で一所懸命なとき、お互いに「ブリッツの頃の精神を思い出そう」と言い合うことがある。

【パラグラフの展開】

¶1　世界第二次大戦中、ドイツがイギリスへ侵攻

　↓しかし

¶2　ドイツの侵攻作戦は稚拙なものだった

　↓たとえば

¶3　粗末な滑走路・短い飛行距離・イギリスへの過小評価

　↓そして

¶4　ドイツ空軍の第一次攻撃は失敗

　↓そして

¶5　チャーチルがブリテンの戦いで活躍したパイロットを賞賛

↓さらに

¶6　ドイツ軍のロンドンなど連続攻撃も失敗

　↓そこで

¶7　ヒットラーはイギリスへの侵攻を「延期」

　↓最後に

¶8　電撃戦によるイギリスの主要都市の連続夜間爆撃

　↓結局

¶9　ソ連侵攻のためドイツはイギリス侵攻を中止

Episode 18
ベトナム戦争（1946 〜 1975 年）

第二次世界大戦がアメリカにとって自由と民主主義を守るための輝かしい戦いだったとすれば、ベトナム戦争は最も忘れたい忌まわしい負け戦でした。ベトナムでの戦闘だけでなく、パリでの和平会議、アメリカ本国での反対運動など、世界的な動きを把握しながら読んでいきましょう。

The Vietnam War 1946 – 1975

The Vietnam War was a political disaster for the United States and a human tragedy for the people of Vietnam. It started with a Vietnamese struggle to achieve independence from France, escalating when the US entered the conflict for fear that it would lead to the spread of communism.

¶1　In 1946 Vietnam was still a French colony. The first phase of the Vietnam War[1] started when Vietnamese nationalists and communists (the Viet Minh) under their famous leader, Ho Chi Minh, took up arms to expel their colonial masters. They fought a guerilla war, avoiding big battles, until 1954, when they laid siege to[2] the city of Dien Bien Phu and forced the French to surrender.

¶2　At peace talks in Geneva[3] it was agreed that the Viet Minh should control the North of the country, while the French and their Vietnamese supporters should withdraw to the South. Country-wide elections were to be held in 1956, so that Vietnam could be democratically reunified. Ho Chi Minh expected to win this election, but South Vietnam's prime minister, Ngo Dinh Diem, refused to hold them. In this he was aided by the United States, who were beginning to replace the defeated French.

¶3   Denied elections, the North encouraged those fighters who had been born in the South to go home and start an armed campaign to overthrow the Diem government. In America and Europe they were generally known as the Viet Cong, but their correct name was the National Front for the Liberation of Vietnam (NLF). The US government viewed the North Vietnamese forces as communists and increased its aid to South Vietnam; what started with a few hundred advisers had expanded by the end of 1965 to 180,000 combat troops. This was justified by the so-called 'domino theory'—that if one country fell to Communism, others in the region would soon follow, being knocked over like a row of dominoes.

¶4   What drove the USA into full-scale involvement in this civil war was an incident at sea. North Vietnamese patrol boats opened fire on a US destroyer in the Gulf of Tonkin. The American president, Lyndon B. Johnson, ordered his planes to bomb North Vietnam. Meanwhile, the South Vietnamese army was struggling against the NLF, now reinforced by men from the North and making their way southwards down mountain paths and through dense forest, a route that came to be known as the Ho Chi Minh Trail.

¶5   A turning point in the war came in January 1968, when the NLF launched a large-scale attack during the New Year festival known as Tet. During the 'Tet Offensive' NLF forces attacked 36 important towns and cities, including Hué and Saigon. There was especially fierce fighting at the Buddhist city of Hué with its magnificent temples, and communist soldiers even reached the walls of the US embassy in Saigon before being driven off.

¶6 The NLF losses were heavy, with around 33,000 soldiers killed; moreover, the general uprising[4] in the South, that the NLF had counted on, never happened. It looked like a defeat for the NLF army. But the power of the attack led many Americans to realize that it would be impossible to destroy such determined forces, and that the war would drag on for many years.

¶7 In the USA and around the world, opposition to the war was growing steadily, with demonstrations, peace marches, and acts of civil disobedience[5]. University campuses all over America, where students were liable[6] to be called up[7] to fight in Vietnam, were in uproar[8]. 1968 was a year of student revolts in Europe and Japan too. All this persuaded President Johnson to scale down the American war effort[9]. He called a halt to the bombing of North Vietnam and began some troop withdrawals. In return the North Vietnamese scaled down their attacks. Peace talks began that year between Hanoi and Washington[10], in Paris.

¶8 An event which shocked many Americans was the My Lai Massacre, uncovered in 1969. Briefly, on March 16th, 1968, a US infantry unit[11] entered My Lai, an undefended village in Central Vietnam, and murdered around 500 old men, women and children in cold blood[12]. Only one man,

William Calley, was ever found guilty of these crimes, and was imprisoned for just three years. Many Americans were outraged by what Calley and the other young soldiers had done. Others defended the killers, arguing that they had only been doing their duty.

¶9　Meanwhile, the Paris peace talks broke down again and again. The war intensified, with the US launching attacks on Cambodia and Laos in an attempt to destroy North Vietnamese bases in those countries. Powerful B52 bombers continued to hit the Ho Chi Minh Trail with napalm[13] (gasoline jelly that would stick to the skin and burn) and defoliants[14] like Agent Orange (designed to destroy the leaves on trees to deny guerillas cover[15]). Hanoi and other cities were bombed for 11 days in a row.

¶10　However, a cease-fire was finally agreed early in 1973. Although the truce[16] was broken by both sides, the Americans were determined to go home, after arming the South Vietnamese army to fend[17] for itself. So the war continued for another two years after the departure of the last US troops, until Saigon fell to the Communists. No one who saw them will ever forget the news pictures of US helicopters rising from the US embassy roof with desperate South Vietnamese clinging to their skids[18]. The country was officially reunified on July 2, 1976, as the Socialist Republic of Vietnam, with its capital in Hanoi and its second city, Saigon, renamed Ho Chi Minh City.

¶11　When the time came to count the human cost[19] it was found that 47,000 US, 200,000 South Vietnamese, and 900,000 North Vietnamese solders had been killed. In addition, around 1,000,000 Vietnamese civilians[20] perished[21].

(970 words)

---

1. first phase of the Vietnam War　ベトナム戦争の第一段階（このフランスとベトミンとの戦いをFirst Indochina War「第一次インドシナ戦争」ともいう。ただしすぐに「ベトナム戦争」に突入するので「第二次〜」以下はない）　2. lay siege to 〜　〜を包囲攻撃する、〜をしつこく攻めたてる［説得する］　3. peace talks in Geneva　ジュネーヴ和平会議［平和交渉］（正式名称はGeneva Cease Fire Conference「ジュネーヴ停戦会議」。この結果、Geneva Agreements「ジュネーヴ（和平）協定」が結ばれ、ベトナムは北緯17度線で南北に分割された）　4. uprising　地域的な反乱、暴動、蜂起　5. civil disobedience　市民的不服従（政府の要求・命令に従うことを拒否すること）　6. liable to/for 〜　〜に服すべき、〜を受けるべき［免れない］　7. call up　召集する　8. in uproar　大騒ぎで、興奮して（uproarは「騒動、喧噪」の意）　9. war effort　戦争準備　10. Hanoi and Washington　北ベトナム政府とアメリカ政府　11. infantry unit　歩兵部隊　12. in cold blood　平然として、冷酷に　13. napalm　ナパーム（弾）（焼夷弾の一種。着弾するとゼリー状のガソリンが飛び散り、広範囲を高温で燃やし尽くす。国連人権小委員会は1996年に非人道的兵器として、劣化ウラン弾や核兵器などとともに製造・使用を禁止した）　14. defoliant　枯葉剤　15. cover　隠れ場所、遮蔽物　16. truce　停戦（協定）　17. fend　（攻撃・質問などを）かわす、受け流す、寄せ付けない、扶養する、守る　18. skid　スキッド（飛行機・ヘリコプターの着陸用そり）　19. human cost　人的損失、人的ロス、犠牲者　20. civilian　一般市民（の）、民間（の）、軍隊・軍事と関係のない　⇔military　21. perish　滅びる、死ぬ

【パラグラフの展開をつかもう】

※空欄部分を補ってください。

¶1　ホー・チ・ミンの武力抵抗、フランスの降伏

　↓そして

¶2　[　　　　　　　　　]が決まるも[　　　　　　　　　]が選挙を拒否

　↓そこで

¶3　北ベトナム（NLF）が[　　　　　　　　　]

　↓次に

¶4　アメリカが［　　　　　　］

　↓そして

¶5　ベトナム戦争最大の転機　［　　　　　　　　　　］

　↓ただし

¶6　南ベトナム側が勝利するも戦争の長期化の予感

　↓そして

¶7　アメリカや世界各地で［　　　　］が高まり、［　　　　］がスタート

　↓とくに

¶8　［　　　　　　　　　　　　　］したのがミライ大虐殺

　↓しかし

¶9　［　　　　　　　　　　　　　　　　　　　　　］

　↓ようやく

¶10　1973年、［　　　　　　　　　］

　↓結局

¶11　両国ともに大きな犠牲

大島のウンチク

　ひょっとすると、ベトナム戦争についての記憶は、日本の人々の世代ごとに、かなり異なっているのではないだろうか？　私のように、1950年代から60年代に生まれた世代にとって、実はベトナム戦争は、ニュース映像に微かな記憶を持ちつつも、いつもイメージは静止画像。あまり躍動感がない。文字どおり「戦争を知らない子どもたち」であり、高度成長の豊かさを子ども時代に浴びた世代にとって、ベトナム戦争は、遠い国の話であり、それよりも、自分の目の前で起こっている日々の変化に目を奪われていたのかもしれない。

さらにまた、「団塊世代」のちょっと後の世代からすると、ちょっと上のお兄さん、お姉さんたちが、自分たちの年齢に合わせて日本を牛耳ってきたという印象がある。そして、彼らに引きずりまわされたので、世界を見る目が一定しないということもある。本文にもあるように、ベトナム戦争の後半部分は、日本の学生運動の高揚期にあたる。遠い国で行われた、大国の蛮行について思いをはせるよりは、日本の騒擾状態に目を向けることが、世の大人たちの思考回路であり、子どももそれに追随していたのかもしれない。

　後で歴史の教科書で習ったとき、自分の身のまわりの世界が輝き始めた時代に、インドシナの地で、こんなことが行われていたということを知ったときのチグハグ感が、今でも拭いきれないままでいる。

　第10パラグラフに、構文的にとても勉強になる部分があるので一言。

No one who saw them will ever forget the news pictures of US helicopters rising from the US embassy roof with desperate South Vietnamese clinging to their skids.

　まず、No one who saw ...の箇所を「誰も見なかった」としてはイケナイ。英語では否定語を手前に持ってくることになっているので、こうなっているのだが、*Anyone who saw them will never forget ...のつもりで訳せばよろしい。「それらを見た人は二度と……を忘れないだろう」くらいに。その先に日本語ではＳＶ関係のように訳さなければならない箇所が２つ。

the news pictures of US helicopters rising from the US embassy roof（①）with desperate South Vietnamese clinging to their skids（②）

　②のほうが付帯状況のwithなのでわかりやすい。①を「米国のヘリコプターが米国大使館の屋根から飛び立つニュース写真」と考えるのが意外と難しい。picture、spectacleなどの映像系の単語には、同格のthat節ではなく、of＋名詞＋動名詞の形が後続するのが普通だということは知っておいたほうがよい。

【全訳】
ベトナム戦争（1946～1975年）

ベトナム戦争は、米国にとっては政治的災害であったが、ベトナム人民にとっては人類としての悲劇であった。フランスからの独立を達成しようとするベトナムの奮闘から始まったが、共産主義勢力の拡大につながることを恐れてアメリカが参戦すると、状況は悪化していった。

¶1　1946年、ベトナムはまだフランスの植民地であった。ベトナム戦争の第一段階の始まりは有名な指導者ホー・チ・ミン率いるベトナムの民族主義者や共産主義者（ベトミン）が植民地の支配者を追放しようと武器を手にしたことだった。彼らは大規模な戦いを避け、ゲリラ戦で戦った。そして1954年、ディエンビエンフーを包囲攻撃し、フランス軍を降伏させるに至る。

¶2　ジュネーヴで開かれた和平会談でベトミンは北ベトナムを統治し、フランス人、およびフランス側につくベトナム人は南ベトナムへ撤退することが決められた。また、1956年に全国的な選挙を行い、南北ベトナムを民主的に統一することも決められた。ホー・チ・ミンは、この選挙に勝利するつもりでいたが、南ベトナムのゴ・ディン・ジェム首相は選挙の実施を拒否した。これは、敗北したフランスに変わって登場したアメリカ合衆国の後ろ盾があってのことだった。

¶3　選挙を拒否されると、北ベトナムは南ベトナム出身の兵士たちに南へ帰って、ゴ・ディン・ジェム政権打倒を目的とする武力闘争を開始するよう奨励した。彼らは欧米では一般的に「ベトコン」という名で知られていたが、正しくは南ベトナム民族解放戦線（NLF）という。アメリカ政府は北ベトナム軍を共産主義者と見なし、南ベトナムへの支援を強化した。数百人の軍事顧問団で始まったものが、1965年末までには18万人規模の戦闘部隊へと拡大した。これはいわゆる「ドミノ理論」によって正当化された。並べられたドミノが倒れて

Episode 18／ベトナム戦争（1946〜1975年）

いくように、一国が共産化すると同じ地域の他の国もすぐに共産化していく恐れがあるというわけだ。

¶4　ベトナムの内戦にアメリカが本格的に介入するようになったきっかけは、海上で起きたある事件だった。トンキン湾で北ベトナムの警備艇がアメリカの駆逐艦に攻撃をしかけたのだ。アメリカ大統領リンドン・B・ジョンソンは、北ベトナム空爆命令を出した。一方、南ベトナム軍も、NLFを相手に戦っていたが、NLFは北ベトナムから援軍が加わり、後にホーチミン・ルートとして知られるようになる深い森に覆われた山岳地帯の道を南に向かって進んでいった。

¶5　ベトナム戦争のターニングポイントは1968年1月にやってきた。テトという新年を祝うベトナムのお祭りの最中にNLFが大規模な攻撃を仕掛けたのだ。この「テト攻勢」中に、NLFはフエやサイゴンなど、主要都市36ヵ所を攻撃した。荘厳な寺院の多い仏教徒の町フエでは特に激しい戦いが繰り広げられた。共産軍兵士たちは、サイゴンのアメリカ大使館の外壁まで到達したものの、最終的には追い返された。

¶6　NLFは、約33000人の兵士が命を落とし、大きな損失を受けた。さらに、NLFは南ベトナム全体で暴動が起きることを期待していたが、まったく起きなかった。NLF軍の敗北のように思われた。しかし、その攻撃の激しさを知って、多くのアメリカ人は、これほど決意の固い兵士たちを倒すことは不可能であり、この戦争は長引くだろうと感じた。

¶7　アメリカ国内でも世界各地でも、ベトナム戦争に反対する声が着実に高まり、デモや平和行進、市民的不服従などがあちこちで行われた。大学生たちはベトナム戦争に召集される可能性があるため、アメリカ中の大学構内は大騒ぎになった。1968年は、ヨーロッパや日本でも学生たちが異議申し立てを行った年であった。こうした動きが説得材料となって、ジョンソン大統領はアメリカの戦時体制を縮小することにした。北ベトナムへの爆撃停止を宣言し、一部の部隊の撤退を始めた。それに呼応して、北ベトナムも攻撃を縮小した。その年、パリで北ベトナムとアメリカの間の和平交渉が始まった。

¶8　多くのアメリカ人にとってショックだったのは、1969年に発覚したミライ大虐殺（訳注：日本ではソンミ村事件）である。手短に言えば、1968年3月16日、アメリカの歩兵部隊がミライ集落に立ち寄り、ベトナム中央にあるこの無防備な村で、血も涙もなく、老若男女約500人を虐殺したのである。この事件で有罪となったのはウィリアム・カリー中尉ただ一人であった。しかもたった3年服役しただけであった。多くのアメリカ人がカリー中尉や若い兵士たちの行為に激怒した。しかし、彼らは任務を果たしただけだと主張して、殺人者たちを擁護する者もいた。

¶9　一方、パリでの和平会議は何度も決裂した。アメリカはカンボジアやラオスにある北ベトナム軍の基地破壊を目的に両国への攻撃を開始するなど、戦争は激化していった。強力なB52爆撃機は、ナパーム弾（皮膚に付着して高温で燃える、ゼリー状のガソリン）や、ゲリラたちが隠れられないように木の葉をからすことを目的とした「エージェント・オレンジ」等の枯葉剤で、ホー・チ・ミン・ルートを攻撃した。ハノイなどの町が11日間連続で爆撃を受けた。

¶10　しかし1973年初頭、ようやく停戦合意に至った。両サイドで停戦違反があったものの、アメリカ軍は南ベトナム軍に単独で戦えるだけの軍備を与えてから撤退することにした。そこで、アメリカ軍の最後の部隊が引き上げてからも2年間、戦争は続いたが、最終的にサイゴンは北ベトナムの手に落ちた。アメリカ軍のヘリコプターがアメリカ大使館の屋根の上から飛び立つとき、必死の南ベトナム人がヘリコプターの足にしがみつく報道写真を見た人は、それらのシーンを決して忘れることはないだろう。ベトナムは1976年7月2日にベトナム社会主義共和国として正式に統一された。首都はハノイ、ベトナム第二の都市サイゴンはホーチミン市に改名された。

¶11　犠牲者の数を計算する段になると、アメリカ4万7千人、南ベトナム20万人、北ベトナム兵90万人、さらに民間人約100万人の死亡が確認された。

【パラグラフの展開】

¶1　ホー・チ・ミンの武力抵抗、フランスの降伏

　↓そして

¶2　南北統一が決まるも南ベトナムが選挙を拒否

　↓そこで

¶3　北ベトナム（NLF）が武力闘争を始める

　↓次に

¶4　アメリカが本格的介入

　↓そして

¶5　ベトナム戦争最大の転機「テト攻勢」が行われる

　↓ただし

¶6　南ベトナム側が勝利するも戦争の長期化を予感

　↓そして

¶7　アメリカや世界各地で反戦の機運が高まり、和平交渉がスタート

　↓とくに

¶8　反戦の機運を高めたのがミライ大虐殺

　↓しかし

¶9　和平会議は何度も決裂、戦争は激化

　↓ようやく

¶10　1973年、停戦合意

　↓結局

¶11　両国ともに大きな犠牲

Episode 19
ジョン・F・ケネディ大統領暗殺

今なお、解明されていない謎に満ちたケネディ大統領暗殺事件。このエピソードは前半で世界中に衝撃を与えたあの事件について、後半ではケネディの大統領としての業績について述べています。アメリカの理想と希望を象徴するような若い大統領の栄光と悲劇を振り返ってみましょう。

The Assassination[1] of President John F. Kennedy

President Kennedy was touring the streets of Dallas, Texas, in an open limousine when he was shot dead by a hidden gunman. People still argue about whether the man arrested—Lee Harvey Oswald—really was the killer. Either way, the two shots that killed the president changed world history.

¶1 John F. Kennedy had been President of the United States for less than three years when he was killed on November 22, 1963. The news reverberated[2] round the globe. Everywhere, television screens showed the appalling[3] moment when he slumped to his death in an open limousine, in Dallas, Texas. The world was stunned[4] at the dramatic death of this handsome, elegant, articulate[5] man, at 42 the youngest President of the United States ever. His wife, Jackie, was beside him. They were touring Texas in preparation for the next Presidential election, due[6] in 1964, together with Texas Governor John Connally and Senator Ralph W. Yarborough, also of Texas. At 12.30 p.m. two bullets hit him, one in the neck, and one in the head. He was dead on arrival at the hospital. Connally was wounded, and Jackie's pink costume was spattered[7] with his blood. Vice-President Lyndon B. Johnson immediately took the oath of office[8] to become the next President.

¶2 The fatal[9] shots appeared to have been fired from the sixth floor of a large building, the Texas School Book Repository[10], by Lee Harvey Oswald, who drove away in his car, and shot dead a patrolman who tried to arrest him. Later two police officers succeeded in arresting him, and he was taken to Dallas Police Department. Two days later, on the morning of Sunday, November 24th, as he was being escorted from the basement of the Police Department Oswald was shot and mortally wounded by Jack Ruby, a Dallas nightclub owner. Ruby was tried and condemned to death[11] for murder. The sentence was reduced on appeal[12], but he died of cancer in prison in 1967.

¶3 That should have been the end of the story. But ever since, controversy has raged[13]. Why did Ruby kill Oswald? Was he fired by a desire to avenge[14] Kennedy? Was he acting alone? Or was he part of a conspiracy[15] to prevent Oswald from revealing who was behind him? Many believed that Oswald was acting on behalf of[16] a conspiracy.

¶4 President Johnson appointed Earl Warren, Supreme Justice[17] of the United States, to investigate the assassination. The Warren Commission examined the evidence, and concluded that there was no conspiracy:

Oswald acted alone. But many people are not satisfied, and to this day, every detail concerning Kennedy's death is examined, re-examined, and questioned. Was it really Oswald who killed him? How many shots were fired? Did they really come from the Book Repository? Or could the shots have come from elsewhere? Some witnesses said they had heard shots fired from a grassy knoll[18] on the other side of the road. Three tramps[19] were seen there: were they connected to the assassination? At what angle did the bullets enter Kennedy's neck and head? Who was Oswald?

¶5 Lee Harvey Oswald had been a Marine[20], had expressed pro-Soviet views, had gone to Russia and had tried, unsuccessfully, to become a Soviet citizen. He had married a Russian and returned with her and their baby daughter to the United States. He joined a campaign called 'Justice for Cuba'. He was employed by the Texas School Book Repository. Perhaps he was acting on behalf of the Russian KGB, or of Fidel Castro, the communist leader of Cuba. Each of these claims has been made and denied.

¶6 Many books have been written on the subject, and the School Book Depository is now a museum, visited by some 450,000 people every year, wanting to find out more about Kennedy, and the nature and reason for his death.

¶7 Kennedy was an immensely popular president. He was a war hero: after graduating from Harvard in 1940 he enlisted in the US Navy, and helped save the lives of men on the boat he commanded when it was sunk by a Japanese destroyer in 1943. After the war, he went into politics, first as a Congressman, then as a Senator, and finally as the 35th President, and the first to be a Roman Catholic. His famous inaugural speech[21], on January 20th, 1961, concluded with the ringing words:

¶8 "And so, my fellow Americans: ask not what your country can do for you—ask what you can do for your country. My fellow citizens of the world: ask not what America will do for you, but what together we can do for the freedom of man".

¶9 Kennedy's policies included programs to support the poor, and he founded the Peace Corps[22], which sent young Americans to work in Third World countries. He fired[23] his fellow countrymen with a sense of mission: they were to defend 'Freedom and Democracy' against communism— which led to the Vietnam War, to the disastrous 'Bay of Pigs' attack on Fidel Castro's communist Cuba, and American support for the Western part of Berlin, surrounded by communist East Germany, when he declared: "Ich bin ein Berliner" (I am a Berliner). In 1962, when the Soviet Union was sending nuclear missiles to Cuba, in response to America's nuclear missiles in Turkey, Kennedy took the world to the brink of[24] nuclear war—until the Soviet leader, Nikita Khrushchev, ordered the ships to turn back. This was followed by the Nuclear Test Ban Treaty[25], when for a time the world seemed to be safer.

¶10 Kennedy was inspired by the dream of space travel: he predicted that before the 1960s were over, Americans would land on the moon. (He was right.) Famously, too, the president had style—the 'Kennedy style.' His beautiful wife Jacqueline, with her taste in furnishing and fashion, her charm, and her intelligence, contributed significantly to this. The White House was compared to Camelot, King Arthur's legendary court. The family (they had two small children) seemed to spread an air of optimism and culture.

¶11　There were darker sides to his character; but his assassination, still inexplicable, was a tragic loss to the world.

(1,000 words)

---

1. assassination　暗殺（>assassinate「暗殺する」。assassin「暗殺者」）　2. reverberate　反射する［させる］、反響する［させる］、鳴り響く　3. appalling　恐ろしい、がくぜんとするような、ひどい　4. stunned　当惑して、呆然として　5. articulate　発音（言葉）の明晰な、はっきりした、歯切れのよい　6. due　…することになっている、…する予定である　7. spatter　まき散らす、はねかける　8. take the oath of office　就任する（oathは「宣誓」、officeは「官職、公職（の在任期間）」）　9. fatal　致死的な、命にかかわる（>fate「運命、宿命、死」）　10. repository　倉庫、容器、貯蔵所、埋葬所　11. condemn ～ to death　～に死刑判決を下す　12. on appeal　上訴［控訴・上告・抗告］によって　13. rage　怒る、暴れる、盛んである、殺到する　14. avenge　復讐する　15. conspiracy　共謀、陰謀、共謀組織　16. on behalf of ～　～のために、～の代わりに　17. Supreme (Court Chief) Justice　(連邦) 最高裁判所長官　18. knoll　丘　19. tramp　浮浪者　20. a Marine　海兵隊（Marine Corpsまたはthe Marines）の隊員　21. inaugural speech　就任演説　22. Peace Corps　平和部隊（発展途上国援助を目的とした長期ボランティア派遣プログラム。pは黙字）　23. fire ～　～を奮い立たせる　24. to[on, at] the brink of ～　～の瀬戸際に、今にも～で　25. Nuclear Test Ban Treaty　（部分的）核実験禁止条約（1963年に英米ソの間で調印された大気圏内・宇宙空間・水中での核実験を禁止する条約。地中での実験は禁じていなかったので「部分的」（Partial Test Ban Treaty、PTBT）と言われる。これに対してあらゆる実験を禁止したのがComrehensive (Nuclear) Test Ban Treaty（CTBT）「包括的核実験禁止条約」。1996年に国連総会で採択されたが、原子炉を保有する44ヵ国全部が批准していないのでまだ発効していない）

【パラグラフの展開をつかもう】

※空欄部分を補ってください。

¶1　ケネディ大統領が［　　　　　　］で［　　　　　　］される
　↓そして

¶2 [   ]

　↓その後

¶3 [   ]

　↓そこで

¶4 [   ] 単独犯行を断定するが、[   ]

　↓たとえば

¶5 [   ]

　↓そのために

¶6 [   ]

　↓ところで

¶7 ケネディは [   ] だった

　↓たとえば

¶8 　例1：(資料の引用) ケネディーの [   ]

　↓

¶9 　例2：ケネディの [   ]

　↓

¶10 　例3：ケネディの [   ]

　↓結局

¶11 　ケネディ暗殺は [   ]

大島のウンチク

　衝撃的なニュースを知った瞬間のことを、人は後々まで覚えている。日常の生活時間の中に、突如として突き刺さってきたニュースを受け取った瞬間である。だから、

衝撃度の目安として「そのニュースを初めて聞いたときに自分が何をしていたか思い出せるか？」という問いが成立する。

　数十年前のアメリカ人だったら、「真珠湾攻撃」と「ケネディ大統領暗殺」と答えた可能性が高い。現在なら「911」が付け加わることになるだろう。人によっては「アポロ宇宙船の月面着陸」などを付け加えたりするかもしれないが、やはりインパクトが多少弱いのは否定できまい。アポロのような比較的プラスの（前向きの）出来事は、歴史的な経過の中で、後発のニュースに追い越されてしまうからだ（「初めてのラジオ」、「初めてのテレビ」などは、人類史の記憶には刻まれない）。

　「真珠湾攻撃」も「ケネディ暗殺」も「911」も、それまで積み上げられていたはずのものが、突然、何者かによって、公然と突き崩された瞬間だった。日本語ならば、さしずめ「せつなさ」や「やるせなさ」といった情緒的な語彙が登場する類の事件である。

　アメリカにしてみれば、「真珠湾」と「911」は、アメリカの外の敵に眼を向ければよかった。しかし、「ケネディ暗殺」はちがう。自分たちの内側にある闇からの銃弾だったからである。

　そしてそれは、実情はともかく、当時のアメリカの夢と希望への銃弾でもあった。ジャガイモ飢饉をきっかけとして、アイルランドを脱出した貧しい移民のひ孫が、歴代初のカトリックの大統領が、歴代最年少の大統領が、白昼公然と凶弾に倒れたのだった。司馬遼太郎『街道をゆく』にも取り上げられているアイルランドのじゃがいも飢饉が、期せずして送り出した家系は、夢と希望をほのかに与えた。しかし、その光はまた、アメリカの闇の存在をあらわにする光でもあった。

The Assassination of President John F. Kennedy

【全訳】
ジョン・F・ケネディ大統領暗殺

ケネディ大統領はテキサス州ダラスの街をリムジンのオープンカーに乗ってパレード中、隠れていたガンマンにより銃撃され、死亡した。逮捕されたその男、リー・ハーヴェイ・オズワルドが本当に殺人犯だったのか、いまだに議論は続いている。いずれにしろ、大統領の命を奪った2発の銃弾は、世界の歴史を変えたのである。

¶1　ジョン・F・ケネディは、1963年11月22日に暗殺されたとき、大統領に就任してまだ3年も経っていなかった。そのニュースは全世界にくまなく響き渡っていった。至る所で、テレビは、大統領がテキサス州ダラスの地において、オープンカーに乗りながら、ぐったり倒れて死んでいくおぞましい瞬間を映し出していた。この、ハンサムでエレガントで、弁舌さわやかな男が、アメリカ歴代大統領の中で最も若い42歳という年齢で迎えた劇的な死に世界中が茫然となった。彼の妻、ジャッキーは隣に座っていた。2人は1964年に予定されていた大統領選挙に向けて、テキサス州知事のジョン・コナリー、やはりテキサス州選出の上議院議員ラルフ・W・ヤーボローとともに遊説の最中だった。午後12時30分、2発の弾丸が彼に命中、1発は首に、もう1発は頭部に撃ち込まれた。病院に到着したときには死亡していた。コナリーも傷を負い、彼の血がジャッキーのピンクの衣装に飛び散った。副大統領のリンドン・B・ジョンソンがすぐに次期大統領に就任した。

¶2　致命傷となった弾丸はテキサス教科書倉庫と呼ばれる大きなビルの6階から撃たれたように思われた。狙撃犯はリー・ハーヴェイ・オズワルド。自分の車で走り去ろうとした彼を捕まえようとした警備員をも射殺した。その後、2人の警察官がオズワルドをみごと逮捕し、ダラス警察へ連行した。が、2日後の11月24日の朝、警察署の地下室から護衛されて移動する際、今度はオズワルドが、ダラスのナイトクラブオーナー、ジャック・ルビーに射殺された。ル

ビーは裁判にかけられ、殺人罪で死刑宣告を受けた。その後、上訴によって減刑されたが、1967年、ガンのために獄中で死亡した。

¶3　これで一件落着のはずだった。ところが、それ以来、激しい議論が続いている。なぜルビーはオズワルドを殺したのか。ケネディの仇を取りたい思いにかられていたのだろうか。彼は単独犯だったのか、それとも共謀者がいて、オズワルドが背後にいる人物を自白しないように撃ったのか。多くの人々はオズワルドには共犯がいたと信じている。

¶4　ジョンソン大統領は、連邦最高裁判所長官アール・ウォレンに、事件の調査を命じた。ウォレン委員会は証拠を検討し、共謀の事実はなく、オズワルドの単独犯行だと断定した。しかし、それで納得しない人が多かった。そして、今日に至るまでケネディの死をめぐって微に至り細を穿ち、何度も再調査が行われ、議論された。本当に実行犯はオズワルドだったのか。銃弾は何発撃たれたのか。銃弾は本当に教科書倉庫から撃たれたのか。ほかの場所から撃たれた可能性はないのか。道路の反対側の芝生の丘から銃声が聞こえたという証言もある。そこでは3人の浮浪者が目撃されている。彼らは暗殺に関わりがあったのか。どういう角度でケネディの首や頭部に弾丸は撃ち込まれたのか。オズワルドは何者なのか。

¶5　リー・ハーヴェイ・オズワルドは元海兵隊員で、ソ連支持を公言し、ロシア渡航歴もあり、ソ連国民になろうとして不首尾に終わった。ロシア人女性と結婚し、妻と娘を連れてアメリカに帰国し、「キューバに正義を」という活動に参加した。勤務先はダラス教科書倉庫だった。ひょっとすると、彼はロシアのKGBまたはキューバの共産主義指導者フィデル・カストロのエージェントだったかもしれない。こうした点が指摘されては否定されてきた。

¶6　このテーマについては、数多くの本が書かれている。教科書倉庫は現在、博物館になっており、ケネディと彼の死の真相や理由についてもっと知ろうとして、年間約45万人の人々が訪れる。

¶7　ケネディは並外れて人気の高い大統領だった。1940年にハーバードを卒

業し、海軍に入隊。1943年、彼が艇長をしていた船が日本の駆逐艦によって沈没した際に、部下の命を救うために活躍し、戦争の英雄となった。戦後、彼は政界に入り、まず下院議員となる。上院議員をへて、最終的には35代大統領となった。彼はカトリック系として初の大統領だった。彼の有名な就任演説は1961年1月20日に行われ、次のような格調高いフレーズで締めくくられていた。

¶8　「ですから、祖国をともにするアメリカ国民の皆さん。皆さんは国が何をしてくれるかと問うのではなく、皆さんが国のために何をすることができるかを問うてもらいたい。わが友である世界の市民諸君、アメリカが何をしてくれるかではなく、人類の自由のためにともに何をできるかを問うてもらいたい」

¶9　ケネディの政策には、貧しい人々への支援策が含まれていた。また彼は「平和部隊」を創設し、第三世界諸国での活動にアメリカの若者たちを派遣した。彼は「自由と民主主義」を共産主義から守るという使命感で同胞国民を奮い立たせた。それに起因したのがベトナム戦争やピッグス湾事件（フィデル・カストロが支配する共産国キューバへの侵攻）、共産主義東ドイツに包囲された西ベルリン支援（ケネディはドイツ語で"Ich bin ein Berliner"「私はベルリン市民です」と宣言）だった。アメリカがトルコに核ミサイルを配備したのに対抗して、ソ連が核ミサイルをキューバに配備しつつあった1962年、ケネディは世界を核戦争に引き込む瀬戸際まで行った。すんでのところでソビエトの指導者ニキータ・フルシチョフはミサイルを積載した船に帰還命令を出し、核戦争は回避された。その後、核実験禁止条約が締結され、一時、世界の安全度が増したかのように見えた。

¶10　ケネディは宇宙旅行という夢に夢中になっていた。彼は1960年代までにアメリカ人は月へ降り立つと予測していた（そして、その予測は的中した）。そしてまた「ケネディ・スタイル」とでもいうべきスタイルがあったことはよく知られている。それには、ファッションやインテリアに対する抜群のセンスを持ち、魅力と知性に満ちた美しい妻ジャクリーヌが大きく貢献していた。ホワイトハウスは、アーサー王の伝説の宮廷キャメロットにたとえられた。ケネデ

ィ一家（幼い子どもが二人いた）は明るい未来と文化教養の雰囲気を振りまいているように見えた。

¶11 ケネディは性格的に問題も抱えていたが、いまだ謎に包まれた彼の暗殺は全世界にとって悲劇的な損失だった。

【パラグラフの展開】

¶1 ケネディ大統領がテキサス州ダラスで暗殺される

　↓そして

¶2 狙撃犯のオズワルドを逮捕、しかし2日後、ジャック・ルビーに射殺される

　↓その後

¶3 単独犯説に疑念

　↓そこで

¶4 ウォレン委員会が調査　単独犯行を断定するが、やはり疑念は残った

　↓たとえば

¶5 オズワルドの身元も政治的な立場にも諸説

　↓そのために

¶6 数多くの本が出版されている

　↓ところで

¶7 ケネディは非常に人気が高く有能な大統領だった

　↓たとえば

¶8 例1：（資料の引用）ケネディの言葉

　↓

¶9 例2：ケネディの政策の内容

↓
¶10　例3：ケネディの宇宙旅行の夢など

　↓結局

¶11　ケネディ暗殺は全世界にとって悲劇的な損失

Episode 20
1984〜85年 イギリス炭鉱ストライキ
―― 晴らされた過去の恨み

1970年代、悪化する国内経済を背景に労働組合のストライキが頻発するようになります。1973年冬に始まった炭鉱ストライキは1974年2月には全国に拡大し、事態を打開しようと選挙に打って出たヒース保守党内閣は労働党に敗退。その5年後、政権に返り咲いたサッチャー保守党は、労働組合の徹底的な弱体化に取りかかるのです。保守党はどんな手腕を振るったのでしょうか。労働組合側の敗因は何だったのでしょうか。

The British Coal Miners Strike 1984-5
――An Old Score Settled[1]

The British coal strike of 1984-5 has already become a legend. Today it is commemorated[2] in songs and films, most famously 'The Full Monty' and 'Billy Elliot,' (released in Japan as 'Little Dancer'). In reality, the defeat of the miners marked the end of trade union power in Britain and led to the destruction of the coal industry.

¶1　In 1979 the Conservatives won a general election and Margaret Thatcher became Prime Minister of Great Britain. The previous Conservative government, led by Prime Minister Edward Heath, had been brought down in 1974 by a miners' strike, which led to the 'three day week.' (Coal was an important energy source, and the strike led to an energy shortage which meant that offices and factories could only get enough electricity to operate for three days a week.) The impact on the British economy was disastrous and Heath lost the October 1974 election to Harold Wilson.

¶2　While they were out of government the Conservatives drew up plans to deal with the troublesome unions, starting with the smaller ones before moving onto the ultimate challenge of the National Union of Mineworkers (NUM).

¶3　Riding a wave of nationalistic excitement after the Falklands War, Thatcher won a second election in 1983 with a large majority. Feeling the time had come to confront the miners, she appointed Ian MacGregor as Chairman of the Coal Board. MacGregor was a 70 year-old Scot who had spent most of his working life busting unions in the United States. People thought of MacGregor as American. The NUM leader, Arthur Scargill, described him as "the American butcher of British industry". He had already been made chairman of British Steel in 1980, where he cut 80,000 jobs. Now he was put in charge of the country's 170 collieries[3].

¶4　In November 1983 MacGregor announced that five pits would be closed immediately and 49 pits more over the next eight years. In reality there was still plenty of coal left in these collieries, but they were not necessarily profitable, being quite heavily subsidised[4] by the government. The timing of these closures was probably a deliberate tactic to provoke an all-out[5] strike.

¶5　The government had taken several key measures to give them the upper hand[6] in a confrontation with the NUM. Firstly, they had started reducing the dependency of electric power generators on coal, by converting many to gas and also by boosting the nuclear power industry. Secondly, for six months they had been secretly importing extra coal in readiness for a long strike. Thirdly, they had introduced new laws limiting the power of trade union leaders and allowing the police greater powers to prevent 'flying pickets[7]'—groups of strikers travelling to different locations to protest or blockade. On top of all this, Thatcher enjoyed particularly strong support from the tabloid press—cheap newspapers with millions of readers.

¶6   The leader of the NUM, Arthur Scargill, was a man of high-minded socialist integrity[8]. But he was also fatally inflexible and tactically naïve. On March 12, 1984, he took up Thatcher's challenge and declared a national miners' strike against the pit closures. Even with the forces ranged against[9] him, Scargill might have prevailed—if he had led a united union in what he described as 'the Industrial Battle of Britain'. However, he made a disastrous tactical mistake right at the start, by failing to ballot the membership on taking industrial action. Consequently the government, the Coal Board and the press would constantly accuse the NUM of being undemocratic.

¶7   Why did Scargill make this fatal error? Under union rules, he only needed 55% support for strike action, and in fact about 80% of the miners willingly went on strike. The failure to call a ballot was perhaps more a matter of misguided principle: five years later Scargill said, "An employer doesn't need an individual ballot when he wants to sack 1,000 workers… why should trade unions be compelled to take an individual ballot before taking action?" He may have had a point, but the failure to ballot made his position much weaker. One group of miners, in Nottinghamshire, left the NUM to form their own 'Union of Democratic Mineworkers' and refused to join the strike.

¶8　This was one of the longest and bitterest strikes in British history. On May 29, 1984, 69 people were injured when pickets clashed with police at the Orgreave Coke Works in Yorkshire. Police repeatedly used dogs and mounted[10] baton charges[11] to subdue[12] the strikers. The tabloid press remorselessly[13] reported violence by miners and ignored police brutality. All the miners put on trial for violent conduct at Orgreave were later found 'not guilty.'

¶9　The tabloid press fought hard against the miners. Photographs of Scargill were printed on the front page of the Sun newspaper, modified to make him resemble Adolf Hitler. Scargill was accused of accepting money from Libya's controversial leader, Colonel Muammar Gaddafi, and plundering[14] NUM funds to build a house for himself—accusations shown later to be false. Organisations which the miners counted on for support failed to provide it. Other unions had already been weakened, and some were critical of Scargill for failing to call a ballot. The sailors' union failed to blockade imports of coal. The Labour Party gave only lukewarm[15] support, wanting now to be seen as a modern organisation moving away from the class struggles of the past.

¶10　In November 1984 a High Court judge upheld a claim brought by two Yorkshire miners that the strike was illegal because there had not been a ballot. The judge ordered the seizure of the NUM's entire assets.

For the rest of the strike the miners had to rely on charity from other unions and individuals for financial support. The end came when the NUM voted by a narrow margin[16] to return to work on March 3rd 1985—almost a year after downing tools[17].

¶11   Arthur Scargill led his members back to work with dignity—but the power of the union had been broken forever. Ian Macgregor received a knighthood and the Thatcher government started to dismantle the coal industry. By 2002 only thirteen pits out of 170 remained operational, with just 5,000 miners left from the pre-strike total of 180,000. Not even the Nottingham miners who had quit the NUM were spared[18]. When the full devastation[19] became apparent, with Britain increasingly dependent on imported energy and nuclear energy, some political commentators were forced to reflect that maybe, after all, 'Arthur was right.'

(1,080 words)

---

1. settle a (old) score　積年の恨みを晴らす（scoreは「勘定、借金、借り」の意）　2. commemorate　記念する、祝辞や儀式で祝う　3. colliery　（建物や機械なども含めた）炭鉱　4. subsidise[-ize]　（政府が）〜に助成［補助・奨励］金を支給する　5. all-out　総力を挙げての、全面的な、徹底した、本格的な　6. give 〜 the upper hand　〜を優位に立たせる　7. flying picket　支援ピケ、機動ピケ隊　8. man of a high-minded socialist integrity　高潔で純粋な社会主義者　9. forces ranged against 〜　〜への抵抗勢力　10. mount　（攻撃・戦闘などを）開始する、しかける　11. baton charge　警棒での攻撃、機動隊の攻撃、警察の手入れ　12. subdue　征服する、鎮圧する　13. remorselessly　無情な、冷酷な、残忍な、執拗な　14. plunder　略奪する　15. lukewarm　生ぬるい、中途半端な、いいかげんな　16. by a narrow margin　かろうじて、わずかな差で、すれすれで　17. down tools　仕事をやめる、ストに入る　18. spare　見逃す、大目に見る、容認する　19. devastation　徹底的な破壊、壊滅＞devastate　徹底的に破壊する

Episode 20／1984〜85年　イギリス炭鉱ストライキ —— 晴らされた過去の恨み　193

【パラグラフの展開をつかもう】

※空欄部分を補ってください。

¶1　保守党の勝利でサッチャーがイギリス首相に
　↓実は
¶2　保守党は［　　　　　　　　　　］
　↓そして
¶3　サッチャーの2度目の勝利、［　　　　　　］を［　　　　　　］に任命
　↓そして
¶4　マクレガーは［　　　　　　　　　　　　　　　　　　　　　　］
　↓さらに
¶5　政府は［　　　　　　　　　　　　　　　　　　　　　　　　　］
　↓一方
¶6　［　　　　　　　　　　　　　　　　　　　　　　　　　　　　］
　↓つまり
¶7　スカーギルは［　　　　　　　　　　　　　　　　　　　　　　］
　↓そして
¶8　［　　　　　　　　　　　　　　　　　　　　　　　　　　　　］
　↓不利なことに
¶9　タブロイド紙は［　　　　　　　　　　　　　　　　　　　　　］
　↓しかも
¶10　［　　　　　　　　　　　　　　　　　　　　　　　　　　　 ］
　↓結局

¶11　組合は [　　　　　　　　　]、イギリスは [　　　　　　　　　　] へ

大島のウンチク

　本文のイントロで紹介されている映画『フル・モンティ』は、文字どおりには「一切合財」ということだが、映画の内容からすると「すっぽんぽん」と訳すこともできるかもしれない。炭鉱争議のさなかに失職した男が、仲間を作って自分の身体の「すっぽんぽん」を見せるイベントで金を稼ごうとするお話である。いかにもイギリス的な笑いがたくさん詰まっている。本当ならイギリス人の観客と一緒に観ることでイギリス的感覚を養いたいところだが、それはちょっと無理な話。でも不思議なことに、観ているうちに笑いの感覚がつかめてくる。その一方で『リトル・ダンサー』は炭鉱争議で戦う父と兄を持つ少年がひょんなことからバレー（踊りのバレーです）に目覚め、才能を開花させていくというお話。当時の生活が丁寧に描写されている。

　どちらの映画も、父親と男の子の間の揺れ動く親子の絆が全体を貫いているのは、象徴的なことかもしれない。炭鉱労働者といえば、肉体労働の1つの典型。その男たちが、自分たちの労働の根拠である職場を失うプロセスの2つのヴァリエーションとして、2つの映画を捉えることも不可能ではない。不思議な一致は、大切なことを暗示している可能性があるからだ。ひょっとすると、20世紀の最終盤は、「戦う父親」の牙が抜かれてしまった時代として回想されることになるのかもしれない。

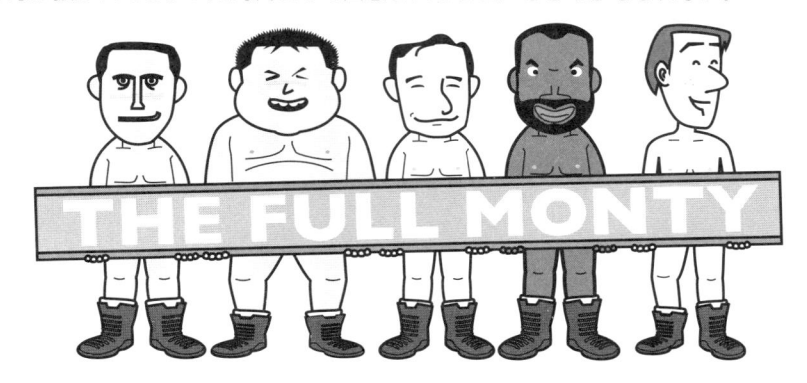

【全訳】
イギリス炭鉱労働者のストライキ（1984〜85年）
——晴らされた過去の恨み

1984年から85年にかけて起きたイギリスの炭鉱ストライキはすでに伝説化していて、今では歌や映画のテーマにもなっている。最も有名なのは『フル・モンティ』や『ビリー・エリオット』（邦題『リトル・ダンサー』）だ。現実世界では、炭鉱労働者側の敗北は、イギリスの労働組合が持つ力に終止符を打ち、石炭産業の崩壊へ扉を開くものだった。

¶1　1979年、保守党が総選挙に勝利し、マーガレット・サッチャーがイギリス首相となった。エドワード・ヒース率いる前保守党政権は、炭鉱労働者のストライキと、それがきっかけとなった「週3日制」（当時、石炭は重要なエネルギー源であったため、ストライキの結果として生じたエネルギー不足によって、会社や工場は週3日操業するだけの電力しか得られなかった）のせいで1974年に退陣を余儀なくされた。イギリス経済への影響は甚大であり、1974年10月の選挙でヒースはハロルド・ウィルソンに敗北したのだった。

¶2　政権の座から離れていた間、保守党は厄介な労働組合への対応策を練っていた。小規模な組合から始め、最大の難関である「全国炭鉱労働者組合」（NUM）をつぶそうという計画であった。

¶3　フォークランド紛争後、高まるナショナリズムの波に乗って、サッチャーは1983年の選挙で2度めの勝利を収めた。大差の勝利だった。炭鉱労働者に立ち向かうときだと判断したサッチャーは、イアン・マクレガーを石炭庁長官に任命した。マクレガーは70歳のスコットランド人で、生涯のほとんどをアメリカの労働組合つぶしに費やしてきた人物だった。人々は彼をアメリカ人だと思っていた。NUM委員長アーサー・スカーギルは彼を「イギリス産業を切り刻むアメリカ人の肉屋」と表現した。マクレガーは、1980年にブリティッシュ・スチール社の会長に任命され、8万人の解雇を断行した。今回は、イギリスの

170箇所の炭鉱閉鎖を任されたのである。

¶4　1983年11月、マクレガーは5箇所の炭鉱をすぐに閉鎖し、その後の8年間で49箇所の炭鉱を徐々に閉鎖していくと発表した。実は、これらの炭鉱にはまだ豊富な石炭が残っていたのだが、必ずしも利益があがっておらず、政府からの補助金に大きく依存していた。この閉鎖スケジュールは、たぶん、全面的なストライキを引き起こすための意図的な作戦だったのだろう。

¶5　政府はNUMとの対決で優位に立つためにすでにいくつかの重要な布石を打っていた。まず、発電所の石炭依存率を下げた。多くをガス発電に切り替え、原子力発電を強化したのである。次に、長期のストライキに備え、半年間にわたって備蓄石炭を極秘に輸入していた。3つめとして、労働組合の指導者の権力を制限する法律や、支援ピケ（いろいろな場所に出かけて抗議や封鎖を行うストライキ集団）を防ぐために警察の権限を強化する法律を制定した。さらに、サッチャー政権にとって有利だったのは、タブロイド紙（何百万人という読者を持つ安価な新聞）から特に強い支持を得ていたことである。

¶6　NUM委員長、アーサー・スカーギルは高潔で純粋な社会主義者だった。しかし、彼には致命的な頑固さがあり、作戦的な面では経験不足で未熟だった。1984年3月12日、彼はサッチャーの挑戦を受け、炭鉱閉鎖に反対する全国的な炭鉱労働者ストライキを決行すると宣言した。彼への抵抗勢力はあったにせよ、スカーギル自身の言葉で言えば「産業界のブリテンの戦い」で一致団結した組合を指導できていたら、組合側の勝利に終わっていたかもしれない。しかし、スカーギルはしょっぱなから破滅的な作戦ミスを犯してしまったのだ。業界としての行動を起こすのにメンバーの投票を行わなかったのである。その結果、政府も石炭庁もマスコミもNUMが非民主的であるとして非難し続けた。

¶7　なぜスカーギルはこれほど致命的な過ちを犯したのだろうか。組合の決まりとして、ストライキを決行するのに必要だったのはわずか55％の支持だけであり、実際、炭鉱労働者の80％がストライキを決行する気でいた。投票を行わなかったのは、間違った方針だったと言える。5年後、スカーギルは次のよ

うに語っている。「雇用主が労働者を1000人首にしたいと思えば、個々の投票など必要としない。なぜ労働組合が行動を起こすのにわざわざ投票を行わなければならないのか」。彼の言い分にも一理あったかもしれないが、投票を実施しなかったことは、彼の地位を大きく弱める結果となった。ノッティンガムシャーの炭鉱労働者グループはNUMを離脱して民主炭鉱労働者組合を結成し、ストライキへの参加を拒否した。

¶8　このストライキは、イギリス史上、最も長く、最も苦々しい結果に終わったストライキの1つだった。1984年5月29日、ヨークシャーにあるオーグリーヴ・コークス工場でピケ隊が警察と衝突し、69名が負傷した。警察は、繰り返し犬を使ったり、馬の上から警棒で攻撃したりしてストライキ中の労働者たちを鎮圧しようとした。タブロイド新聞は炭鉱労働者たちの暴行を情け容赦なく報道し、警察の残虐行為には目をつぶった。オーグリーヴで暴行を働いたとして裁判にかけられた労働者は全員が後に「無罪」となった。

¶9　タブロイド紙は炭鉱労働者たちに激しく敵対した。スカーギルの写真が何枚も『ザ・サン』の1面に掲載されたが、それには、アドルフ・ヒットラーに似せた修正を施されていた。スカーギルは告発されたが、その理由は、疑惑の多いリビアの指導者、ムアマル・カダフィ大佐から資金を受け取り、自宅を建てるのにNUMの資金を流用したということだった。が、後にこうした告発は真実でないことが判明した。炭鉱労働者たちに支援を与えるはずの組織が支援できない状態になっていた。その他の組合も弱体化させられ、投票を行わなかったことでスカーギルに批判的になった組合もあった。海員組合は輸入石炭が入ってくるのを阻止することができなかった。労働党は中途半端な支援しかしなかった。過去の階級闘争のイメージから脱却して近代組織になったと見られたかったのである。

¶10　1984年11月、ヨークシャーの2名の炭鉱労働者が訴えていた「ストライキは投票なしで行われたので違法である」という主張を高等裁判所が支持する判決を出した。裁判官はNUMの全資産差し押さえを命じた。ストライキの残

りの期間、労働者たちは他の組合や個人からの寄付に金銭的支援を仰ぐしかなかった。スト終焉のときが訪れた。NUMが投票を行い、わずかな差で就労再開が決定したのである。1985年3月3日、スト開始から1年近く後のことであった。

¶11　アーサー・スカーギルはストライキのメンバーが威厳を持って仕事に戻れるように指導した。しかし、組合の力は完全に崩壊していた。イアン・マクレガーは騎士の称号を受け、サッチャー政権は石炭産業解体を進めた。2002年までには操業している炭鉱は170から、わずか13箇所までになり、ストライキ以前には18万人いた炭鉱労働者が5千人しか残っていなかった。NUMを離脱したノッティンガムの労働者たちでさえ容赦はなかった。しかし、石炭産業が完璧に解体されてしまったことが明らかになり、イギリスがどんどん輸入エネルギーや原子力に依存するようになると、一部の政治評論家たちは考えざるをえなくなった。「実は、スカーギルが正しかったのかもしれない」と。

【パラグラフの展開】

¶1　保守党の勝利でサッチャーがイギリス首相に

　↓実は

¶2　保守党は事前に労働組合の対策法案を練っていた

　↓そして

¶3　サッチャーの2度目の勝利、マクレガーを石炭庁長官に任命

　↓そして

¶4　マクレガーは5箇所の炭鉱を閉鎖し、8年間で49箇所の閉鎖を言明

　↓さらに

¶5　政府はストライキに備え、重要な布石を打つ

　↓一方

¶6　炭坑側のスカーギルは戦略ミスを犯す

　↓つまり

¶7　スカーギルは投票を実施せず、地位を弱めた

　↓そして

¶8　イギリス史上、最長のストライキへ

　↓不利なことに

¶9　タブロイド紙は炭鉱労働者たちを批判的に報道

　↓しかも

¶10　投票なしのストライキは違法という高裁判決

　↓結局

¶11　組合は完全に勢力を失い、イギリスはエネルギーを他国・核依存へ

英米史で鍛える 英語リーディング

2010年7月1日 初版発行   2020年10月9日 2刷発行

●著者●
大島　保彦
© Yasuhiko Oshima, 2010

●発行者●
吉田　尚志

●発行所●
株式会社　研究社
〒102-8152　東京都千代田区富士見2-11-3
電話 営業 03-3288-7777(代)
　　 編集 03-3288-7711(代)
振替　　00150-9-26710
http://www.kenkyusha.co.jp/

KENKYUSHA
〈検印省略〉

●印刷所●
研究社印刷株式会社

●表紙デザイン・本文レイアウト●
寺澤　彰二

●本文イラスト●
吉野　浩司

ISBN978-4-327-45230-8　C1082　Printed in Japan